乡土湘东

罗劲 黄磊 著

中国建筑工业出版社

图书在版编目（CIP）数据

乡土湘东 / 罗劲，黄磊著． -- 北京：中国建筑工业出版社，2022.8
ISBN 978-7-112-27514-4

Ⅰ．①乡… Ⅱ．①罗… ②黄… Ⅲ．①萍乡—概况 Ⅳ．①K926.4

中国版本图书馆 CIP 数据核字（2022）第 100732 号

责任编辑：陈夕涛 李东 徐昌强
责任校对：王烨

乡土湘东

罗劲 黄磊 著

*

中国建筑工业出版社出版、发行（北京海淀三里河路 9 号）
各地新华书店、建筑书店经销
北京建筑工业印刷厂印刷

*

开本：889 毫米 ×1194 毫米 1/16 印张：16 字数：358 千字
2022 年 9 月第一版 2022 年 9 月第一次印刷
定价：**78.00** 元
ISBN 978-7-112-27514-4
（39528）

版权所有 翻印必究
如有印装质量问题，可寄本社图书出版中心退换
（邮政编码 100037）

序

柳肃

湘东是一片神奇的地方，不仅仅是因为近现代历史上罗霄山脉的红色根据地，在古代这里就是湘赣两个重要区域文化互相交融的一片特殊地域。这里的文化也是在一种特殊历史条件下形成的特殊文化。中国古代建筑最大的特色就是地域特色，各地都有各自不同的地域文化，在这种地域文化的孕育下所产生的地域建筑，也具有各自的文化特征。

湖南古代属于楚国，楚文化不同于中原文化，具有浓厚的浪漫气质。加之湖南处在中原汉族与南方少数民族相交织的边缘地带，地域和民族文化的交融使湖南文化本来就呈现出多姿多彩的特色。然而历史上的战争和灾荒，导致中原汉人大量南迁，湖南及其周边地区又成了中原汉人南迁的目的地。部分南迁的中原汉人在广东、福建、江西、湖南等地区又形成了一个特殊的人群——

客家。湖南仅有少量的客家人，又是聚集在湖南和江西交界的湘东地区。

另外，明清之际几场大规模的战争导致四川和湖广地区（湖南、湖北）人口大减。于是又有了几场大的移民运动，先有"江西填湖广"，后有"湖广填四川"。尤其是元末明初的江西填湖广，有统计数据表明，当时的湖南人口中大约40%是外来移民。而外来移民中，江西移民占到74%，这说明明代以后的湖南人中有1/3左右是江西人和江西人的后裔。按照历史记录，江西人往湖南迁移的人数与居住地，与离江西的距离远近呈递减的趋势。离江西越近的地方居住移民的数量越多，离江西越远的地方移民的数量越少。紧挨着江西的湘东地区，当然就是江西移民居住最多最密集的地方。这就是说湘东地区的文化和江西的文化有着非同一般的密切关系。事实上我们今天看到的湘东地区的湖南各县，上至平江、浏阳，下到炎陵、桂东，这些地方的方言实际上都是江西话，而不是湖南话。因此，湘东地区的民居和村落，当然也就有着浓厚的江西地域文化特征。

湖南各地有客家人居住的地方，也都是在湘东地区的这些县里，也是从江西过来的。离长沙只有几十公里远的浏阳市，在二十多年前都还保留有客家土楼民居，可惜在最近二十多年的大开发建设中没有保留下来。

建筑的地域特征是多姿多彩的建筑文化的一个重要

方面，各地的建筑都不一样，才显出这个世界的精彩。今天的千城一面成为建筑界共同诟病的一个问题。之所以千城一面，就是因为失去了各地的地方特色。当然，在现代建筑中怎样体现地域特色，是一个有待继续研究的问题。但是我们仍然可以从传统建筑的地域特色中吸收部分灵感。所以我们必须把这些具有地域特色的传统建筑好好地保存下来。

黄磊和罗劲伉俪是我认识多年的朋友，他们都是严谨的建筑学研究者。很多年前黄磊和我讨论论文研究选题的时候，就注意到了湘东地区的村落和民居的特殊性。不光是村落民居，还包括一些祠堂、书院等农村公共建筑也都是如此。我还特意跟他讲了湖南和江西之间古代移民的历史，并嘱咐他在研究湘东地区村落民居的时候，一定要跨界到江西那边做调查，进行比较研究。也正因为如此，他们的书中更多地体现了人文的视角。功夫不负有心人，他们在湖南和江西来回多次的调查和研究中收集到了大量的第一手资料。其中有些是过去没有被人关注到的，因此此书的出版无疑在一定程度上填补建筑学研究领域中的一个空白，具有重要的学术意义和研究价值。

这还只是开端，湘东地区这块神秘的土地还有很多东西正等待着人们去发现和研究。相信在不久的将来，还会有更多的成果涌现出来。

目录

序

001	**第一章　绪论**
002	一、湘东传统建筑研究现状
003	二、何谓"湘东"
004	三、何谓"传统民居建筑"
007	**第二章　湘东地区的自然环境与历史变迁**
008	一、湘东地区的自然环境
010	二、湘东地区的历史变迁
013	三、影响湖湘的两种文化
014	四、可耕土地在村落中的地位
017	**第三章　移民文化对湘东传统建筑的影响**
018	一、移民的来源
023	二、湘东村落的主要构成方式
026	三、影响的来源
047	**第四章　湘东村落建筑类型**
048	一、湘东村落的建筑构成种类
086	二、湘东村落中的公用设备

111	**第五章　湘东民居的建筑构成**
112	一、主要平面形式
143	二、主要立面形式
150	三、堂屋
152	四、厢房
154	五、辅助用房
157	六、天井
161	七、大门的朝向及构成
167	八、墙体
173	九、梁架

181	**第六章　湘东传统建筑细部构造及装饰**
182	一、柱及柱础
188	二、木雕
194	三、砖石雕刻
200	四、灰塑
202	五、彩绘
207	六、家具

213	**第七章　湘东民居特色与湖南其他地区民居比较**
214	一、湖南省的区域划分
215	二、湘北民居特色比较
217	三、湘南民居特色比较
221	四、湘中民居特色比较
225	五、湘西民居特色比较

233	**第八章　湘东传统民居的现状及保护对策**
234	一、村落人口结构与现状
235	二、湘东民居的保存现状
240	三、问题
244	四、趋势
245	五、对策

247	**参考文献**
248	**后记**

壹

第一章　绪论

中国传统民居的种类极其丰富，由于民族差异、地域差异、气候差异、文化宗教差异，分类方法也具有多样性。湘东传统建筑是以湘东地区汉族民居作为主要研究对象。这类民居绝大部分依赖村落和集镇而存在，村落一直是中国传统社会即农耕社会的基本构成单元，而血缘关系是联系村落中人与人关系最重要的纽带。本书试图通过研究由人口迁徙与流动所带来的文化传统及生存方式对湘东传统建筑所产生的影响，来多层级地阐述湘东传统民居的特色。

一、湘东传统建筑研究现状

湖南省内的传统村落分布不均匀，形态差异也非常大。从目前的研究成果来看，地域相对闭塞的湘西地区，传统村落中的民居保存得最为丰富，也最为完整，研究资料和成果也最为丰富。其次为湘南地区。由于湘中湘北地区地势相对平缓，又处于交通要道，经历多次战争破坏和环境变迁的影响，今天我们所能看到的多是经过修复的名人故居。湖湘地区是一个文化综合体，湘北的洞庭湖毗邻长江，向北即进入中原文化圈。湘西一直就是土家族、苗族、侗族等西南少数民族的文化圈，向南是两广地区，是古代岭南文化影响区。东边的江西、安徽等省，自古仕商发达，经济与文化对湘东的影响极大。在这一系列文化背景下，吸引了许多学者对湖南的传统村落及民居进行研究，主要的研究成果有以下部分：

杨慎初主编的《湖南传统建筑》，这是我们目前所了解的最早一部全面系统介绍湖南传统建筑的著述。内容包括湖南省内具有代表性的宗教建筑、文化建筑、宗族建筑、纪念建筑、休闲娱乐建筑、公用建筑及居住建筑等传统建筑。该书内容的组成形式包含文字、实景照片和平立剖面图，书中有对建筑构成和构件的细致描述和介绍，引用的文献资料翔实，它是湖湘建筑研究中不可多得的、极具学术价值的著作。

黄家瑾和邱灿红所著的《湖南传统民居》。其总论了湖南的地理、历史、文化、技术和经济的发展等背景，分湘西、湘南、湘中湘东三个区域，图文并茂地论述了湖南传统民居的特色，其中湘中与湘东合并为一个章节论述。全书以名人故居为主要介绍对象，湘中、湘东地区分别介绍了毛泽东、刘少奇、任弼时、杨开慧、李富春、蔡和森、徐特立、胡耀邦、罗荣桓、黄兴、张平化、曾国藩、彭德怀、齐白石、谭嗣同、王船山、郭亮等名人故居。该书介绍的湘东民居部分，文字内容比较详细，所有图片、图稿和文字基本上是第一手资料，其他书籍和文献在介绍湘东建筑部分的时候往往会引用该书的内容。

另有李晓峰和谭刚毅主编的《中国民居建筑丛书》之《两湖民居》中第三章第二节，研讨了湘东区域的自然形态、文化渊源、民居特色和表现、主要类型、典型实例。以张谷英村、浏阳大围山锦绶堂、浏阳金刚镇桃树湾刘家大屋、浏阳龙伏镇新开村沈家大屋、茶陵县虎踞镇乔下村陈家大屋、浏阳谭嗣同故居、蔡和森故居、炎陵县水口镇水口村为实例介绍了湘东北的"大屋"和湘东南的府邸官邸，以长沙附近的靖港、铜官和榔梨镇为例，介绍了湘中的历史文化名镇，提及了湘东地区的部分祠堂书院、牌坊和桥塔等名称，但无详细的文字、图片内容介绍。

湖南地处古楚国的南部，分别与六个省和直辖市相邻，明清以降，经多次移民潮的变迁。湖南民居在文化上不仅受正统的儒家理学文化影响，也受古楚文化的影响。在湖南省境内存在诸多少数民族，这些民族建筑与汉族传统建筑具有相互影响的痕迹。

湘东地区正是处于这些文化影响的十字路口上，湘东北的平江县与湖北、江西交界；株洲市下辖的醴陵、攸县、茶陵、炎陵与江西的万载、萍乡、井冈山交界，南部的桂东县与江西赣州地区毗连。罗霄山脉介于湖南湘东和赣西之间，南北走向，从地理意义上将湖南和江西分开。但是，在实地考察中发现，这两个地区在文化特征、语言、生活习惯乃至宗族血缘上都有着非常密切的联系。我们有理由相信，从文化的角度来说，赣西与湘东属于同一个文化圈。因此，对江西西部相邻县市的传统民居及村落进行考察与研究将会对湘东传统村落的研究具有极大的参照价值。

另一个对湘东有重要影响的地域是湘中地区，湘中地区由于交通便利，地势平坦，物产丰富，经济和文化在湖南省内最为发达，但这些经济与文化的优势也使得湘中地区，尤其是沿京广铁路线两侧的区域成为兵家必争之地。不论是近代的北伐战争还是抗日战争中的数次长沙会战，如衡阳保卫战、文夕大火均发生在湘中区域，尤其是长沙城及周边区域，北至岳阳，南到衡阳地区，西至常德地区在抗战中几乎被夷为一片焦土。这片大区域内保存下来的传统建筑有以下两个特点：一是数量少；二是如果不经修复，大多残破不堪。我们能支持湘中地区传统建筑规格和规模的论据基于三点：一是现在保存下来的传统建筑，是湖南省内规格最高的。例如，岳麓书院、古麓山寺、曾国藩故居等。二是湘中地区，尤其是长沙周边地区，以"大屋"命名的地点非常密集。三是各类文献记录，包括地方志、族谱的记载中，规模较大，等级较高的各类寺庙、宗祠、书院、大屋等很多。但是，由于战争的破坏、交通线的拓展和延伸，以及近四十年来经济的高速发展所产生的影响，社会对非文物性质的传统建筑，同时又有文化研究价值的历史性建筑的保护力度不足。在湘中地区，我们已很难看到集中成片的传统民居被保存下来，而湘中地区的传统建筑，不论是向湘西影响，还是向湘东影响，实物建筑的保留是最有研究价值的对象。尽管湘中地区保留下来的传统建筑和村落的数量不多，但从遗留下来的实例来看，具有非常宝贵的"桥梁"作用。

二、何谓"湘东"

湖南有"三湘四水"之称。四水是：湘、资、沅、澧。三湘有多种说法，主要有以下几种：河流说，认为"潇水、湘江、沅江"为三湘；区域说，认为"漓湘、潇湘、蒸湘"为三湘；地名说，认为"湘潭、湘乡、湘阳"为三湘。比较通行的说法是："湘西、湘南、湘北"为三湘。但不论哪种说法都没有"湘东"一说。湘东作为地名并不存在湖南境内，而是在江西省萍乡市下辖的一个区，名叫湘东，离湖南醴陵与江西交界处大约5公里。近年又有研究者认为，可以以湘江为界，将湘江以东区域划作"湘东"。但是，湘江是从广西流入湖南，在湖南相当长的一段区域并不是南北走向，而是东西走向，直到衡南县附近才改为南北走向。如果以湘江划分，现在湘南的相当一部分区域将划到"湘东"。还有一种说法，是将株洲市下辖的醴陵、攸县、茶陵、炎陵定义为"湘东"。但是这种说法的缺陷是区域过于呆板和保守，没有考虑文化方面的因素。如果从地域文化的角度考虑，岳阳地区在湖南的东北角，北面是湖北省，东邻江西，所以岳阳很难说是属于湘东还是湘北。我们暂且将岳阳与江西接壤的部分区域，从平江算作"湘东"北部的起点，向南是浏阳地区，醴陵、攸县、茶陵、炎陵和郴州地区的桂东，作为"湘东"南部的终点，之所以没有将汝城包括在内，是基于和岳阳类似的考虑。郴州的汝城在湖南的东南角，而且处在瑶族的传统活动区域内，从行政区域看，受广东的影响要大于受江西的影响。因此定义"湘东"，江西的影响力起到了非常关键的作用，本书的研究思路也是与江西传统建筑密切相关的。

三、何谓"传统民居建筑"

首先是时间概念，我们认为"传统民居建筑"的建造时间应该是1949年以前的建筑。其次是非官方建筑，但可以是官员的私宅，民办教育机构所属的建筑，也可以是官员为亲属修造的建筑，官员退隐之后的表彰性建筑。但本书主要还是以普通民众建造的民居、宗祠、书院及其他村落公用设施等为主要研究对象。

湖南大学柳肃教授认为，传统民居所体现出来的地域性特征，更多的是受文化特征、民俗习惯、宗教传统等非物质因素的影响，而行政地域划分因素对传统民居的影响相对而言处于次要的地位。所以，从文化层面入手来研究传统民居更能深入传统建筑的核心内涵。

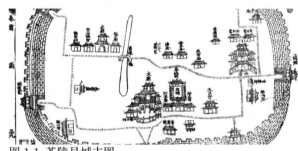

图 1-1 茶陵县城志图

图 1-2 酃县（今炎陵县）县城志图

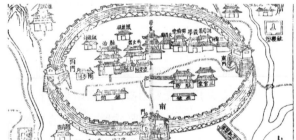

图 1-3 桂东县城志图

图 1-4 浏阳县（今浏阳市）志图

图 1-5 醴陵县（今醴陵市）志图

图 1-6 攸县县城志图

图 1-7 湘江北去

第二章　湘东地区的自然环境与历史变迁

一、湘东地区的自然环境

湘东地处湖南省东部,主要包括株洲市下辖的醴陵、攸县、茶陵、炎陵以及岳阳市下辖的平江县南部与江西接壤的部分,还有郴州东部的桂东县靠近江西的部分。湘东是一个文化地域的概念,无法完全用地理边界线的概念来定义"湘东"。罗霄山脉大致呈南北走向,位于"湘东"与"赣西"之间。武功山大致呈东西走向,沿湘东的攸县向赣西的新余方向,这两条山脉构成了湘东地区最主要的地形特征。平江县的西部是广阔平缓的南洞庭湖区,浏阳、醴陵的两侧也是湘中缓坡丘陵地区,所以湘东地区总的地势是西边低而东边高,总体呈丘陵向山地过渡的趋势。该地区山多地少,生产力不是很发达,土壤以红壤为主,土地不肥沃。

湘东地区的气候条件总体而言与湘中一致,与湖南全省相比并无特殊性。湖南并不是一个气候四季分明的省份,由于湖南北部为洞庭湖区,地形开阔,进入冬季,北方冷空气一泻而下,再带上长江水系及湖区的湿气,阴雨不断。曾有连续阴雨40多天的记录,气温在2℃~4℃之间徘徊,体感温度往往比实际气象温度更低,春天很短而且气温波动极大。2011年的农历正月十六,气温曾一度高达31℃。同年4月,又在阴雨之后下到10℃以下。夏季又是全国闻名的"火炉"城市,近年来随着春夏之季的炎热,长江和洞庭湖水位逐年下降,湘中及湘东地区更是酷热异常。但夏季温度高,湿度也高,往往形成全天闷热的气候。白天与夜晚的温差仅2℃~3℃。春、夏两季雨量较大,比较适合农作物生长。

湘东北有幕阜山,中段为罗霄山,再向南为五岭山,水系非常丰富。汨罗江的源头在江西境内,在平江汇入多条支流,出平江过汨罗,入洞庭。浏阳市以浏阳河而得名,浏阳河上游有株树桥水库,醴陵以南有渌江和酒埠江水库。水由东南向西北流过茶陵、攸县,最后汇入湘江。炎陵县内亦有沔水、漠水流经,炎陵县南部有神农谷国家森林公园,植

图 2-1 重峦叠嶂

图 2-2 湖泊

图 2-3 澧水

被丰富，空气中负离子含量极高。

二、湘东地区的历史变迁

湘东的历史变迁是与湖南汉族文化圈紧密相连的，而与湘西的侗族、土家族、苗族以及湖南瑶族的关系并不密切。湖南的历史在时间上可以分为两大部分，西周以前属于原始社会晚期，在湖南境内，最早的氏族社会形成于距今6000年前，在澧阳平原的城头山遗址，但是还不能算是真正进入文明期。春秋、战国时期楚国将这片区域纳入自己的版图中。直到今天，湖湘文化依然认同楚文化是本土文化的源头。到秦汉时期，设长沙郡、武陵郡、桂阳郡、零陵郡和衡阳郡。五郡的设立，构成了今天湖南的雏形，三国至隋朝各有所属，"湖南"之名的出现最初在唐代。唐宋之间中原战乱，也殃及长江以南地区，湖南又一次被割据为"楚国"。北宋是中国历史上除军事外，各项事业高度发达的朝代，范仲淹写下了千古奇文《岳阳楼记》，"若夫霪雨霏霏，连月不开，阴风怒号，浊浪排空"，写出了湘东北洞庭湖区的气候和水文特征。"至若春和景明，波澜不惊，上下天光，一碧万顷"，写出了春季的湖区美景。"而或长烟一空，皓月千里，浮光跃金，静影成璧，渔歌互答，此乐何及"，由此可见，北宋年间，湖湘地区经济已经开始开化。岳麓书院也初建于北宋，文化开始兴盛，湖南的古代历史，尤其是湘东北地区，北宋可以说达到了鼎盛时期。元代，在整个中国古代史中都乏善可陈，统治者是落后的野蛮民族，最擅长的统治手段就是高压，他们甚至没有愚民的能力。所以元朝在中原的统治不足百年便土崩瓦解，今天长沙城被发掘出的宋元城墙，就有战争的痕迹，对此柳肃教授有详细的论述，长沙城在元兵攻城时曾殊死抵抗。明朝至清初湖南属湖广布政使司下辖。清雍正以后成省级单位，直至民国。

图 2-4 城头山遗迹

图 2-5 水上人家

图 2-6 丹霞地貌

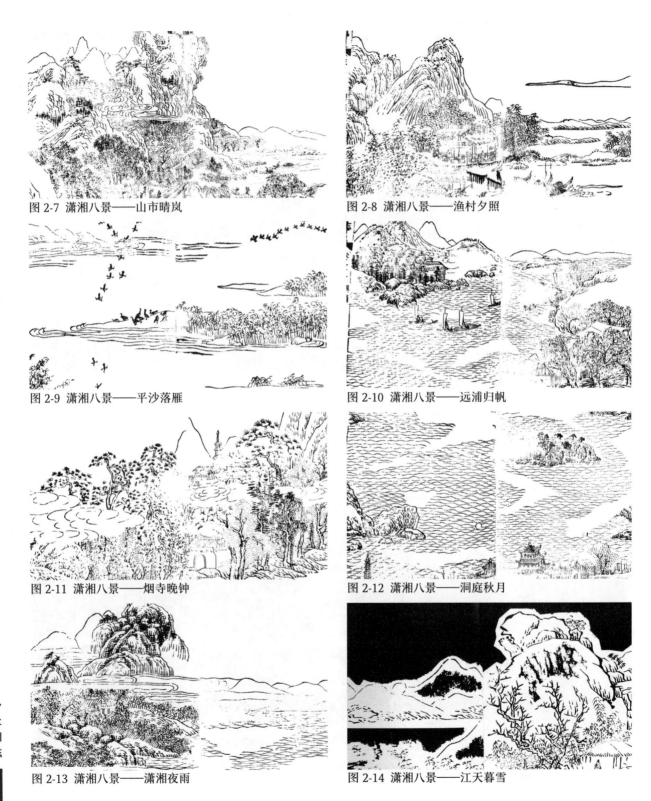

图 2-7 潇湘八景——山市晴岚　　图 2-8 潇湘八景——渔村夕照

图 2-9 潇湘八景——平沙落雁　　图 2-10 潇湘八景——远浦归帆

图 2-11 潇湘八景——烟寺晚钟　　图 2-12 潇湘八景——洞庭秋月

图 2-13 潇湘八景——潇湘夜雨　　图 2-14 潇湘八景——江天暮雪

三、影响湖湘的两种文化

湖湘地区相对于中原而言，开化较晚，从文化的角度来看，通常认为楚文化是本土文化，以屈原、宋玉的《楚辞》为代表；外来文化，以儒家理学为代表，但从文化的源头分析，这两种文化均可被认为是外来文化。湖南省博物馆曾以"凤舞九天"为题，展出过大批湖湘地区春秋战国时期至汉代的珍贵文物，其中"凤鸟"被认为是楚文化的代表图腾，"凤"代表着浪漫、永生、美好、阴性等。凤与龙相对，成为中国最主要的文化图腾与精神象征之一，都是中原图腾而非湖湘特有，是随着楚国版图的变化和汉代分封诸侯以后被带入这片土地的。楚国的发源及历史在这里不一一详述，但是，将春秋战国时楚国的疆域范围和今天的地图做一个对比，可以大致了解到，当楚国的面积扩张到最大时，东北边界地区包括今天山东南部和江苏北部，与当时的齐鲁接壤，东部与当时的越国相邻，包括江苏的西部至浙江西部一带。北方与宋、魏、韩、秦交界，地域延伸到今河南省北部、陕西省南部及四川省北部地区，南部与百越相交，但这片区域应该没有明确的边界。楚国南边由东向西，大约在今天的江西、福建、湖南与广东交界的位置。西部包括四川省的东部地区，与当时的巴蜀文化交汇。这一区域也应该没有明确的边界。到公元前453年，楚国虽然已经是当时土地面积最大的诸侯国，但是，它的文化、经济和政治影响力主要集中在今天的淮河流域，最南不超过湖南洞庭湖流域和江西的鄱阳湖一带。政治与文化并没有深入湖南省的中心区域，屈原被贬也只到汨罗江附近，那里已经是楚文化可以延伸到的极限了。到公元前223年，秦国克楚都郢（今天的安徽寿春），楚国的文化中心从未进入湖南省内。笔者认为，将屈原定义为伟大的爱国主义诗人，至少，这里的爱国主义是狭义的，"春秋无义战"，楚国历史上也是一个崇尚武力，不断吞并弱小诸侯，掠夺处于原始状态的"蛮族"以获得土地的国家，后逐渐成为战国七雄之一。屈原所引领的楚文化"凤骚"，只能说受到了湖湘地区土著原始歌咏的影响，屈原的诗歌从内容到形式均来自他自己的文化修养，他的文学形式应该是后期在湖湘的土地上生根发芽的，湖湘的土地与人民对以屈原为代表的楚文化进行了最好的吸收、发扬与光大。

另一种深刻影响湖南文化的是理学。儒家学说由孔子归纳和创立，孔子编撰的儒家经典中，从来只说具体的言行及至思维方式应该是什么样的。换句话说，他创立了言、行、思的标准。但是，他从来不说为什么要这样做，理学真正将儒家学说上升到了哲学的高度。理学解决了儒家学说的形而上的问题，找寻到了"标准"的理论构架，同时解决了儒家学说中形而下的问题。如何让学说进入千家万户，深入平民百姓，成为他们的生活和道德依据。二程、朱张、陆王，这些大学问家可以说付出毕生心血丰富和完善了儒家理论。

儒家学说的核心是"仁"，"仁"是内在的。"仁"的表现形式是"礼"，形式上的"礼"并没有实际的内涵，大可以是秩序、规格，小可以是人情与尊敬。理学认为一切的真、善、美均发源于"理"，"理"是世界的本源，这一点和道家思想认为"道"是世界的本源有异曲同工之妙，既然在"仁、义、礼、智、信"之上有了"理"或"道"，那么，就找到了儒家思想在哲学上的依据。"理"就是人性之本，内心有"理"，则会有仁爱，仁义之心，那么外在

图 2-15 古老传说　　　　图 2-16 人文遗迹

的言行就会有礼，只要依天理而行，人皆可成为"圣"，这一点与大乘佛教"人只要开悟，皆可成'佛'"类似。儒家承认事物的相对性，人性有恶善之分，地位有高下之分，年龄有长幼之分。"理"是上天赋予人性的，理是善的源头，而欲望是恶的源头。"存天理"就是要助长与延伸善良，"灭欲"的目的是去恶，从这一点看"存天理，灭人欲"并无不妥。儒家与道家在"天人合一"这一点上观点基本一致。天有日月，人有阴阳；天有岁月，人有寿数；天有四季之序，人有长幼之分。几乎所有天道，都有相应的人伦与之对应。理学在中国传统建筑上最终奠定了它的整体布局，而地域文化则决定了建筑的外观特征。理学思想与孔孟同体同宗，如果尊孔尊儒，那么一定不能否定理学。中国古典哲学历来错综复杂，用西方的唯物、唯心论很难定义和区分一个中国古典思想学的哲学类别归属，理学也是一样的，唯物、唯心交杂。虚理与实论相互渗透，很少有人能系统全面地了解理学的全部内容，这也给统治者和御用文人以可乘之机。将有利于自己统治的内容无限放大，不利于自己统治的内容视而不见或干脆禁锢。其在这一点上与宗教的原教旨主义非常类似，理学到了清代，从一种思想理论和哲学体系沦为了一种统治工具，深入了人们的生活、工作、学习、从政等方方面面，完成了从儒家到儒教的转变。

四、可耕土地在村落中的地位

中国历史上大部分社会动荡产生的根源都与饥荒有关，起因多是天灾、人祸、作物歉收、赈灾不力、贪腐克扣导致灾民起义。中国人很善良，也很知足，只要吃饱穿暖，能安居乐业，几乎不会为了其他社会问题而造反，可以说解决了吃饭穿衣问题，中国历史上的各代皇朝就解决了中国的绝大部分问题。所以尽管历朝历代，贪腐不绝，甚至可以贪到富可敌国，但百姓只要有口饭吃，就可以不闻不问，天下太平。要解决吃穿问题，首要就是解决耕地问题。

而解决耕地问题，一般有两种手段，一是先天选址，二是后天开耕。原则上，所有的耕地都是后天开耕的，这里主要指的是将原先不宜栽种作物的土地，花费较大的人工改造成可耕土地的意思。根据笔者对湘东村落的实地考察，大部分湘乡村落的始建年代在元末明初以后，时间在 600 年左右的居多，这一点在族谱中往往有明确的记录，大部分村落由江西移民建立。据了解，中国古代的风水流派主要由江西人创立，当时有一批江西风水大师活跃在全国各地。但这仅仅是表面现象，风水师将一些具有实际选址意义的元素抽象化和玄妙化，黑白相间，真假莫辨。江西与湖南均是农业大省，但在宋明时期，江西的科举和商业均要优于湖南，所以湖南的农业化村落所占的比例更高。由移民建立的农业化村落，除了居住的安全性，另一个重要的选址因素就是水土条件。南方多雨，适合作物生长的时间较长，全年无霜期在 260～310 天之间。南方人多以稻米为主食，所以优选的土地就是近水的、带有腐植被的、较平缓的土地，这样的土地是最适合开垦成水稻田的。明代以后，红薯这种耐旱、耐贫瘠土地，不须精细耕作，高淀粉高糖分的农作物已在全国推广。这种作物的引入，使所谓可耕地的范围大大扩展，而不仅限于水田。但一个村落的始迁祖在村落选址问题上往往会慎之又慎，全面规划，哪块地用于居住，哪块地用于耕作往往在一开始就有统筹，尤其是在耕地选址上，这是一个村落规划的核心要素。仔细观察水文、风向、气温变化，合理选择区域后再试作 2～3 年，观察作物的生长情况。在有很大的把握，确定该区域适合生产和生活的前提下，再举族搬迁过来，有的村落甚至不是一次性完成搬迁，而是将一个家族中的几房作为"先头部队"，先去生活几年，家族其余成员再陆续搬迁过来。

　　尽管明清以来，统治阶级的压迫和剥削从未减轻，但在长江以南，以汉族为主生活区域中，由于儒家理学对思想的维护，土地出产对生活条件的维持，这一地区基本没有发生过大的动乱，这里有两点需要解释。一是明末李自成起义，从根本上动摇了明朝的根基，但李闯王的起义源于中国的北方地区，最后一部分起义军被清兵追赶到了南方地区。二是清中后期的太平天国运动，发源于现在的广西壮族自治区，近期的研究资料越来越显示，这是一支打着上帝旗号，实则以个人私欲为目的的，利用汉人"反清复明"思想的组织和军队。尽管其从客观上动摇了清朝的统治，但它仍属于农民起义战争。由于曾国藩的湘军在湖南组建并壮大，太平天国也曾觊觎长沙，但在天心阁下折损了西王肖朝贵后，退出了湖湘地区，因此太平天国势力对湖南的影响也极其有限。

第三章 移民文化对湘东传统建筑的影响

一、移民的来源

移民及其迁移路线

葛剑雄先生对移民的定义是:"具有一定数量,一定距离,在迁入地居留了一定时间的移动人口。"在"移民"的定义中没有出现相对行政区域的划分。换言之,只要迁入地适合本宗本族的生存,就可以落脚。至于是在本省内、跨省、还是不仅仅跨省还向更远处迁移,这些都不重要。笔者在湘东地区实地走访了近40处乡镇和村落,只有两处是非赣籍移民。也就是说,从实地统计计算,90%以上的村落是由江西移民创建的,目前在这些地区生活和居住的也是以赣籍移民的后代为主要人口构成的。这近40个村落均为移民村落,从村民口述及可以查到的村民家中的族谱可以得出结论:由赣向湘的移民路线具有类似同纬度平行移动的特征,由北向南划分,第一部分移民,以南昌(豫章)为主要出发地,经修水、铜鼓穿过幕阜山进入平江、浏阳一带;第二部分移民,以抚州为中心,通过萍乡,进入湖南醴陵;第三部分移民以吉安为中心,进入攸县茶陵、炎陵;第四部分,因为湘东考察的南端是桂东县的沙田镇,所了解到的情况是桂东何姓、罗姓、黄姓、郭姓,均来自江西遂川。从移民的整体情况看,江西是一个人口迁出大省,湖南、湖北均为江西移民的主要迁入地。先有"江西填两湖",后有"湖广填四川",总的趋势是由东向西,这里的"湖广"是指湖南、湖北,尤指以"汉江—洞庭湖平原"为核心的广大两湖地区。从实地了解到的村落始迁时间看,以明、清时为多数。最早可追溯到元末,最晚,在20世纪60年代初还有江西人口向湘东地区流动,具体路线是从醴陵向炎陵、桂东方向移动。笔者分析移动的动因有以下几点,而且互为因果关系。第一个因素是战乱因素,中国人自古"安土重迁",不到万不得已,不会离开祖祖辈辈生活的地方到一个人生地不熟的地方去生活,基本上是举族迁移。第二个因素是人口因素,地少人多,人口膨胀,导

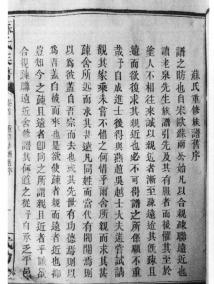 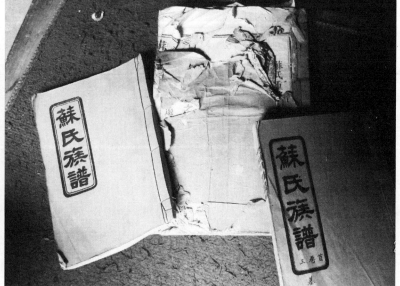

图 3-1 保存在大屋里的族谱

致土地无法负载人口数量时，就要考虑另谋出路和生计。第三个因素是国家政策，"湖广填四川"的直接起因就是由于张献忠部转战鄂西入川，造成湖北、四川人口锐减，往往横亘数百里无人烟，清康熙年间开始大举引湖广人口入川。第四个因素是出于工商业的考虑，一部分有商业资本和手工技能者，寻找到了更好的工作、生存机遇而移民。这一部分移民在湘东地区人数是最少的，而实质上，湘东地区只不过是江西省向西移民的一个中转站，留在湘东的只是移民中极少的一部分，绝大部分走向了更远的湘中、四川、湖北等地。而迁入地也应具有以下至少一种生产生活条件：（1）土地广阔，可耕地较多；（2）适合移民自身所具有的生产水平的农业条件；（3）社会相对安定，赋税较轻；（4）具有一定的运输条件；（5）有一定的地方特产。

移民的人口结构

在湘东地区所了解到的移民主要由两部分人口构成，一部分为农业人口，另一部分为工商手工业人口。农业人口占湘东村落人口的绝大多数，这部分人口如果细分，成分比较复杂。有世代以种地为生的贫农，有地主，有地主家庭出生的乡绅；有没有功名的童生，以在私塾教儿童识字为生；有以砍伐竹木为生的农工；有平时种地、农闲采药的药农；还有乡村郎中等半知识分子。

村落中主要是以从事农业生产为生的农民，但在一些特殊的村落中，有以从事手工业为主要生活来源的手工业者，醴陵沩山村就曾生活过这样一个群体。醴陵是湖南的瓷都，从唐宋开始就生产瓷器，明清开始有青花瓷，清末民初有釉下五彩。醴陵离长沙铜官窑的距离不过 100 公里，人们可能会理所当然地认为，这两处窑业同祖同宗，但是，在沩山村看到全村到处散落的瓷片时，可以断言，即使不是江西陶瓷工人亲手做的瓷器，也一定有江西景德镇的陶瓷技术参与其中。景德镇瓷器有它特有的工艺加工方法和生产程序，即使是对待一件最普通的民用瓷碗也会精工细作。在其他瓷区看似"多此一举"的加工工艺，在景德镇瓷工的手艺中却是"必不可少"的。尤其是在常人不注意的碗底脚和碗口沿的细部，从一个侧面可以证明，沩山村的大规模瓷器生产中，一定是有过江西景德镇人的一份功劳。此外，笔者有意在醴陵从事陶瓷技术的技术人员中了解到，在他们往前推大约 6 代人，有一批景德镇的瓷工从江西到醴陵来从事瓷业，原因是到了清代晚期，景德镇的优质瓷土资源开始减少，而经过明清两代大规模的发展，尤其是官窑的大量出产，培养了一大批高级瓷业技术人才。行业内竞争开始越来越激烈，而湖南醴陵却是一个拥有多重优势的瓷区。醴陵本地有大量优质瓷土；山林木材丰富，可以做燃料；交通方面水陆运输便利，而当时湖南本土的铜官窑已经没落；更主要的是，这里人才短缺。于是，一批江西瓷工从景德镇迁移到醴陵从事陶瓷产业，这也是笔者了解到的从江西最东处迁来湘东地区的移民。

湘东客家

在湘东地区，客家人有广泛的分布，平江、浏阳、醴陵、攸县，向南的茶陵、炎陵、桂东等地都有客家人聚居，其中又以浏阳的张坊镇和小河乡的客家村落相对比较集中。湘东的客家人来源，总体而言是伴随着赣西向湘东的人口迁移而来的。对应的来源为赣西的修水、铜鼓、万载、萍乡等地。而与浏阳相邻的铜鼓县则是赣西地区客家人相对比较集中的县。

江西曾经是客家大省，尤其是赣南地区，与闽东和粤西地区构成了客家人口最为集中的区域。江西曾经是客家的居留地，也是中转站和出发地。在明朝末年，张献忠屠蜀，加上连年的征战，造成"天府之国"的成都平原及周边地区人口骤减，随着清初期的"湖广填四川"，江西的客家人也曾随着"湖广人"进入四川，也有一部分江西客家人留在了湘东。

清朝晚期，在广东和福建局部地区曾发生过严重的"土、客"械斗，双方死伤数以万计，总体上客家人处于劣势，为避免进一步的争斗和无谓的结怨，有部分已经在福建和广东生活了很多代的客家人选择回到江西。

众所周知，客家人聚族而居，福建土楼已是世界闻名，从空中俯瞰，被称为"落在群山之中的飞碟"，不论是福建还是广东，客家土楼都有着建筑的多样性，不仅有圆形土楼，还有方形土楼，其共同的建筑特性是外部墙体的基础以大块石材垒砌，主体为掺杂碎石、植物纤维的三合土夯筑。而江西比较有特色的客家建筑是围屋，和福建、广东土楼不同的是，江西客家围屋多以青砖建造最外层墙体，而不是夯土。这些土楼和围屋的共同特点是住宅、祠堂和防御工事三位一体，其重点是防御。

浏阳作为湘东地区客家人分布比较多的县，笔者曾经希望能在这里找到一两处有客家特色的乡土建筑，也在张坊、小河等地寻访客家村落，但是当地客家人的说法是，他们的建筑和当地其他乡村的建筑并没有区别，也从未建过围龙屋之类的建筑。在浏阳的客家人，他们在和我们这些外乡人接触时说带口音的普通话，在和浏阳当地人交流时说浏阳话，在和本村族人或是家里亲人交流时说客家话。浏阳客家人和当地其他汉族人也从未有过所谓的"土、客"之争，除了客家身份，他们的生活方式、

图 3-2 浏阳张坊西溪村中型民居

图 3-3 浏阳张坊二层民居局部

图 3-4 浏阳张坊夯土二层民居

图 3-5 浏阳民居二层外廊

村落构成和建筑形式也和当地其他汉族没有任何区别。

在浏阳没有找到有特色的客家民居，是一个建筑学意义上的遗憾，但是这也从侧面说明了一个问题，在浏阳乃至在湘东地区生活的客家人和其他移民人口在这块土地上是和平相处的，对乡土资源是公平利用的。客家人聚族而居，赣西到湘东的其他移民也是聚族而居，他们大部分也是以单姓血缘村的形式在湘东这块土地上落脚，也几乎是在同一个时代背景下从赣西向湘东移民。他们各自带着对平安生活的期盼，对子孙繁衍的期盼、对富足美满的期盼来到湘东。

客家人作为中原汉族先民后裔的一支，一直有着强烈的文化自信及自保意识，不论走到哪里，他们都保留自己的语言，每个家族有非常详细的族谱，记录着他们的先民是怎样一步一个脚印地走到现在的。一直以来，客家人没有和其他汉人融合或通婚的主观意愿，在广东和福建，他们和当地土著也是矛盾重重。但是在湘东地区，元末明初才开始开化，大家都是移民，土著人口反而是少数，客家人没有了强烈的防范其他族群的主观意向，也就没有必要去修建大型的围屋。其实在围屋或土楼里生活，安全性是得到了保障，但生活是很不方便的。围屋一旦建成后就界定了居住的边界，人口却是不断增长的，两代、三代以后，人均居住空间就越发逼仄，上一代人和下一代人、邻居和邻居之间也没有任何隐私可言。同时密集的房间也使采光和通风成为问题。所以，土楼和围屋都是客家人在安全得不到保障，甚至是生死争斗时最后的堡垒，是一种不得已的选择。如果可以安居乐业，可以鸡犬之声相闻而又相安无事，那为什么要花费巨大的人力物力财力去建造一个封闭的或半封闭的建筑，可能这就是在

图3-6 民居从室内看屋架转角做法

图3-7 民居屋架

图3-8 民居室内楼梯做法

湘东找不到所谓客家特色乡土建筑的原因。当然，湘东客家人也是建造传统民居的，只是和其他湘东村落的单体传统民居几乎没有什么区别。

二、湘东村落的主要构成方式

村落构成主要是指村落中的各类建筑、生产生活设施与可耕土地的空间关系。

集中式

一个村落的始迁祖，在条件允许的前提下，往往会选择一个背山面水，朝向大致为南或东南的方位作为村落朝向。这样的位置，冬季可避西北寒风，但平时日照充分，夏季又可享东南方向的凉风。在人口增长以后，各房各派也会尽可能地聚集在一起，形成一个同姓血缘村落，并且村中绝大部分房屋和各种公用设施、公共建筑呈集中分布的状态。湘东北的张谷英村，湘中东部常宁县庙前中田村及湘东南的板梁村均为这种民居集中布置的类型，尤其是庙前中田村，不仅房屋集中布局，更是村落规划的典范。中田村建于明永乐二年（1404），村落四面环山，水系由村南小河之水引入，村中道路横平竖直，如棋盘，路面全部为本地产的青石或白石。现存房屋大部分建于清乾隆年间，中田为李姓单姓血缘村，祠堂与民居集中在一起，祠堂前为半月塘。笔者在村中老人李由迪家中了解到一些村中的基本情况，李由迪现住的房屋建于康熙四十八年（1709）。明洪武年间，本地的原住民因遭兵燹，被杀殆尽，现在李姓的先祖从江西（来源地郡县名不详）先到桂阳（郴州地区），再迁来庙前中田。1958年有人口1800人，新中国成立初土改有地主36户、富农7户、中农6户，其余为贫农。村中现在的房屋在20世纪60年代进行过大的翻修，因为原有的房屋大部分是砌砖的，屋架所用木料质地也较好，所以在原房基础上再加高一部分，分成上下两层楼。上一层现主要做阁楼用，并不住人。祠堂也被改造过，现在看起来更像一个礼堂。祠堂第一进两侧厢还保留，第二进和第三进被完全拉通，内无天井，上厅位置改为了主席台。该村落正对"印山"，四周山丘围合成一个盆地，水源充足，南北长1400米左右，东西宽1000米左右。

这种村中房屋集中式布局的优点在于：（1）各房派发展时，在早期就可预留建房的区域，人口的增长，房屋的扩建不会使村中的道路规划被破坏。（2）安全性好。例如中田村，在每个对外的路口原来都建有闸门。晚上闸门插入地面石条的孔槽中，整座村子就成为一个封闭的堡垒。（3）生活用水方便，村里有统一的给排水系统，即不需自家打井，或去远处的水源地挑水。缺点是：（1）防火性差，一家失火容易殃及他人。（2）统一规划的房屋往往空间较狭小，功能布局不灵活。（3）生活区和自家耕地的距离较远。（4）通风和卫生条件较差，夹在中间的房屋日照不足，春夏潮气较重。

平江县虹桥镇的毛源村也是一个房屋集中式布局的村落，和庙前中田村不同的是，中田村的祠堂在村落的最前沿，其余的房舍在祠堂的两侧和后部。毛源村的祠堂及分祠在村落的中心位置，其他房屋（老宅）围祠堂而建。毛源村也是单姓血缘村，在"整修毛氏家庙序言"的祠堂碑刻上有以下文字"平江毛氏自性吾公于元季由江西覆迁此昌源地，其后子孙转而他徙者不一，惟我重二一支世居此地，故改名'毛源'，向有宗祠，明季为兵燹毁败，清雍正壬子倡族捐修，嘉庆中振采倡修主座。清道光甲辰又扩新建，至光绪丙申岁久弗等，檀栋倾，族父老议，主修于次年丁酉，将旧通体拆除改现规模，颇具即今现状，自更新至今历百余年……"从祠堂碑记可大致理清村落的来由及兴衰，围绕祠堂有清代民居十几栋，这批房屋有一部分在砖墙上刻有字迹，标明房屋的建造年代、建房主人及家人的姓名、工匠的姓名等相关资料。笔者能找到的最早的房屋建于乾隆十八年（1735），最晚的是道光七年（1827）（从江西至长沙的一条"官道"沿一条溪水从这些老宅旁经过，据毛诚老人介绍，这条"官道"在明清即有）。毛源村的清代民宅多以祠堂为中心，类似同心圆集中建造，房屋朝向不确定，只要就着地势，可以横向摆下房屋即可。村中耕地基本在村落的外边缘。

围合式

围合式的村落形态主要是指耕地集中在村落的中心，而房舍围合耕地，往往是耕地处在一个盆地的中心，而房屋在周边山丘上，沿等高线分布。

平江的梅仙镇哲寮村是一个比较典型的围合式村落，在该村的祠堂碑记和族谱中有"我族自福六公鼎迁于斯，由明迄今……"的记录。祠堂本身建于1758年，该村为湛姓单姓血缘村，在明洪武年间由"江右"即江西迁来此地，具体时间不详，迁出此地在族谱中的记录是：江西南昌府·南昌县"铁树观"。因"华叟公出力仕国事转漕给军，故子孙世承军籍，今哲寮之族是也，又号南湛……"笔者在该村湛叙才家了解到，最初"福六公"一支在现在村落的北部山脚下，即"北山组"建屋，现在保留下来的大部分老宅集中在"北山组"，该组保存了近10栋明清老宅，最早的建于明末清初。在清乾隆二十三年，即1758年，湛氏开始在"北山组"

图 3-9 湖阳村的民居道路与梯田

的正南方，修建宗祠。这样，祠堂和旧居之间形成一南一北的格局，祠堂面朝正北，在祠堂和旧居之间是一大片的水田，一条溪流从这片盆地中间蜿蜒穿过，滋养着东西两边的稻田，后来村中的房屋陆续从两侧沿山脚围合了这片稻田。

这种围合布局的优点是房屋的宅基地相对宽敞，一般是自家的耕地在哪个位置，房屋可就近建设。缺点是朝向无法选择只能沿等高线面向盆地中央，村中的道路，为了尽可能地少占耕地，也只能在山脚下围合，顺着盆地中的耕地走向。湘东地区的大部分村落都是以这种围合或半围合为主的形态。攸县的富头村也是比较典型的"围合"形态，村落的位置在凤岭禹王洞附近，从洞口至村口不到200米的距离，富头村的先人是从江西永新迁来的，时间在南宋末年。在富头村的历史上有两个人在村民心中的地位很高，一个是始迁祖谭君渊，和其他迁移的移民不同，他不是为生计所迫而迁移，他是一位武官，受命镇守凤岭，他的子孙也就在凤岭下的富头村落了户。另一个是清乾隆年间，谭荣雅登仕郎，这个官职是虚职，这个职位是花钱捐来的还是考上的已无人深究，但他有11个儿子、3个文官、7个武将、1个监生，全部有功名，这就不太可能是捐来的。接待笔者的是从村支书位置上退下来的何新招老书记，他大致介绍了村里的情况：在湘东，这是一个为数不多的，以科举出名的村落。原来的总祠堂坐北朝南，左边是一条溪水，溪水上跨着一座小石桥，名图书桥；右侧为 棵大树，还有 座五峰祠，是出于风水的考量。现在村中的耕地中心位置有一方人工开出的池塘，是附会"砚台"，正前方远处有两座相重的山峦，一座山有两个山峰，另一座山为一个山峰，重叠后看似一个"笔架"。这个村落在一个山窝里，房舍大部分贴山脚而建，

为防山洪，在山脚下的村外围建有一圈人工开挖的沟渠，用石块垒砌的壕沟，下大雨时可防山洪冲击村落，平时也可将山脚渗出的水排除，引向溪水中。富头村老建筑经过两次大的拆除，一次是在1977年，拆了村里的总祠堂，建了一个大队仓库，后来陆陆续续把各派的分祠也拆了。1997年又大拆一次，除了石质的狮子、石质的"图书桥"和旗杆石以外，村里再也没有可拆的老建筑了。村民拆了旧房，用旧房的砖盖"新屋"，问他们为什么不用现在的红砖，他们说老青砖更结实。

围合式的特殊形态，以梯田为中心区域房屋分散布置，有的在山顶，有的在山腰，面向梯田。

分散式

村落中的房屋分散布置，是一种不得已的选择。这类村落面积往往很大，地处大山深处，山地多而可耕地少，甚至林业资源也少。并不是所有的山上都能长大树，湘东的许多山体为坚硬的岩石，土层很薄，这些山，远看郁郁葱葱，近看只有茅草和低矮的灌木，地处群山的村落很难找到一处面积超过1公顷的平地。平江县冬塔乡的黄桥，东源、冬桃、小坪这几个村落，普遍是这种分散的布局，哪里有一小块地，哪里就聚几户人家，这几户人家就构成了比村更小的单位"组"。即使是有钱人家的房子，想找块平整的地也难，有时候不得不花大的代价，靠人工挖填，才能房前有院落，进大门后是门厅、天井、两侧厢房，然后是上厅。例如冬桃村的下湾组，村落中的住宅往往无法选择朝向，房屋随耕地的位置就势布置。这类村落，安全性是比较差的，但耕地的利用率是最高的，除了小块水田，旱地坡地往往用来种玉米和红薯，山坡边搭个鸡舍、猪圈，可以人畜分居，卫生较好，农村产品种类较丰富。

其他

其他类型的村落布局往往是非典型性的房屋、耕地的关系。有的是由于兴修水库、道路或其他占地较大的基础设施而被迫改变原来的村落形态，也有的是由于村中生产条件的不同，农户房屋分布不以耕地为中心。村中耕地以集中为主、分散为辅，也会形成房屋分布的不确定性，比如醴陵东堡乡的沩山村就是这类不确定性的村落布局。村落主要分布在一个山坞里，山坞里耕地面积不少，也不缺水源，山泉、井水都很丰富，村子里甚至无须挖塘蓄水防火防旱，但山坞里的土地并不平整，多条山脚的余脉伸进盆地中，村民反过来又将耕地沿山脚层层向里推，实在没办法作为耕地了，就顺势建房，所以房子也是高低错落，不是所谓的"等高线"上建房子的规律，村里的房屋布置完全就是"就势"，

非集中，也无法全围合，但又不是开敞型的，鸡犬之声可相闻，走走也要费时间。不像板梁村，在自家门口就可以和邻居对面聊天，但沩山村的安全性还是不错的，一条小路进村，不到村跟前，还一直以为在山里行走。

三、影响的来源

赣西民居

湘东的人口，主要以赣籍移民为主。江西，尤其是赣西对湘东的影响最大。江西的民居，以笔者的了解，大致可以分为三种类型：第一种是以江西婺源为代表的徽派建筑；第二种是客家建筑，形态以封闭或半封闭为主，强调聚居与防御性；第三种是以流坑村为代表的江西"本土派"。"婺源派"

图3-10 赣西大屋

图 3-11 赣西大屋天井

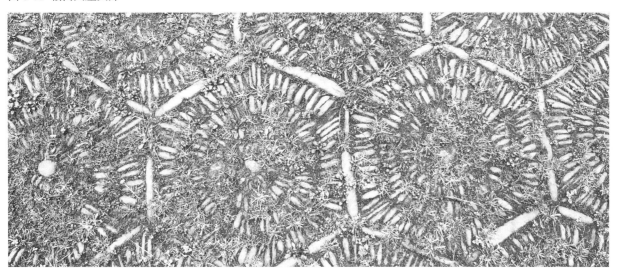

图 3-12 赣西大屋院落塂地

并不能代表江西的风格，而客家文化是一种独特的文化形式，即属于汉族文化中特立独行的一类，总有一种不与本地文化融合的距离感；流坑村为代表的江西本土派有着极强的生命力，经历了"农耕—科举—经商—农耕"的完整而丰富的村落发展、演变的历史进程，积累了大量人文和历史信息。像流坑这样的村落在江西曾经有着较为广泛的分布，但今天能像流坑一样保留下来的传统村落已经不多了。作为单体建筑，尤其是一些大户人家的传统建筑，由于当时所用的建筑材料质量较好，做工比较讲究，空间合理，居住条件好而得以保留了部分大宅。通过对这些传统居民的特征分析，可以了解赣西民居的主要特点。在赣西的万载县株潭镇株山村保留了一座大宅，宅子取名"濂溪堂"。宅子的主

图 3-13 赣西大屋内部交通空间

图 3-15 赣西大屋花窗

图 3-16 赣西大屋木窗

图 3-14 赣西大屋墙体处理

图 3-17 赣西大屋屋架

人姓周，周宅建于清嘉庆乙亥年，距今 200 多年，长宽约 100 米。总平面接近正方形，中轴线上有 5 进，大小 18 个厅。宅子后面是一座"禁山"，占地约 20 余亩，自然环境优美，宅前有坪，坪外有人工挖出的陡坎，房外有石刻题记，建宅时挖土烧砖瓦，形成二塘，名"月塘"和"老虎塘"，其由形而得名，"禁山"、宅子、水塘、前坪等总占地 70 余亩。笔者在万载和铜鼓考察时，发现这些独立的大宅，在平面布局上，会先向左右两侧拉伸，一座大宅，面宽 40～50 米的有很多。像这座"周府"面阔近 100 米，完全没有三开间、五开间的约束，面阔一般由 3～5 个"段落"组成，中间一"段"是主体，房屋的宽度和高度都是最大的，材质和装潢也最考究，两端山墙也是高高耸立的五花马头墙。与"中段"两侧紧紧相连的是类似"耳房"的大屋，等级略低，但这些"耳房"的长度往往有 20 米左右，

在"耳房"两端转 90°，呈纵向布置的是下房部分，所以像这种"周府"一类的大宅，都呈正立面布局，如平江的平安村冠军大屋、童市镇烟舟村的大石板屋场，醴陵白兔谭镇的刘家大屋、茶陵乔下村陈家大屋，到桂东的贝溪乡聚龙居，沙田镇老屋，几乎都是这种正立面形式。但至于有多少"进"则不一定，如平江南江镇冬塔乡东源村的五里房，原始的正立面由五段构成，或称五"路"，每"路"三进，但大部分"大屋"以三进为主，但"冠军大屋"有四进，江西的"周府"有五进。第一进为门厅，门厅外是坪，内是开敞的大院，大院两侧为厢廊。整个院子以"花砖"墁地，中轴上的道路微微拱起，以利于路面排水。进院之后是第二进，第二进中开大门。进大门后迎面原有一个大的屏门在檐柱之间，但现在屏门的基础还在，屏门已经被拆了。二进以后，房屋的做工更加考究，墙面附有吸壁樘板。第三进和第四进的

图 3-18 赣西大屋厅堂空间

图 3-19 赣西大屋祭祀空间

屏门还在,三、四、五进厅的两侧各有一条长条木凳,长与厅齐,底脚刻花,厅两侧的厢房为木板分隔出来,门窗均雕花,窗下部有护净窗,以保护隐私。二进之后每进之间有天井,天井两侧亦有厢房,面向天井一面为6扇隔扇门,厢房两侧有过道,可进入中轴边侧的跨院。除山墙外没有砖砌结构,山墙搁檩,中厅与厅两侧厢房结构为主柱上抬梁构造。最后一进为上厅,正中上方是"濂溪堂"红匾,匾下是"天地君亲师"总牌位。祖先的牌位被供奉在总牌位之前,较近的祖先,牌位较靠前,较远的先人就越靠后,但位置高度稍高一些,牌位台前面是香案和香炉。上厅比前面几进略高,前面几进的厅都是单层,但最后一进是正厅两层楼。一层放牌位,用于祭祀;二层是藏书楼,也作书斋。周府是一座宅祠合一的民居建筑,至今仍有不少周姓村民生活在这座大宅里,但跨院已渐荒废,下房部分更是无人打理,大部分已垮塌。

皖南民居

安徽,简称"皖",是安庆府和徽州府的合称。徽州自古拥有六县,今婺源划给了江西,绩溪划给了宣州地区。徽州的核心现在是黄山市,下辖三区四县,市府设在屯溪,改屯溪为黄山市。原徽州的州府在歙县,许国牌楼就在歙县城中心,但现在徽州的行政中心是驻屯溪的"黄山市"。广义的皖南是安徽长江以南地区,但安徽过去所谓的"徽商"是指老徽州六邑的商人。不论现在行政上如何划分,从经济、文化、历史、人口等方方面面来看,徽州六邑从来就没分开过,过去是,现在是,将来也是。这六个县(歙县、黟县、婺源、绩溪、祁门、休宁)作为徽州的一个整体来看,有许多共同点,但细看还是有许多不同。这六个县的语言属同一语系,但相互之间难以听懂。歙县是六邑之首,科举、经济、建筑各方面最发达,人也肯吃苦。祁门,七山二水

图 3-20 徽州呈坎（上）、承志堂（中）、宝纶阁（下）

图 3-21 徽州斗三街

一分田，农耕落后，科举和经商都靠后，但靠山吃山，竹木资源丰富，山货也多，人反而更休闲一些，建筑水平是最低的。祁门也有自己的建筑特色，保留了明清以来最"集中的戏台群"，就如同歙县棠樾村保留了最集中的牌坊群一样，只不过没有作为旅游地进行开发，知道的人很少。

徽派建筑，从外观上看，是"白墙青瓦马头墙"；从结构看，叫作"肥梁瘦柱内天井"。柱的径高之比，不算石柱础，可以达到1∶13，而主梁的高度与长度之比在1∶7.5至1∶6之间，而金柱与檐柱之间的梁，高度与长度之比在1.0∶5.3左右。徽州一方面地少人多，村落中的住宅往往是经商致富后所建，原主人多半不是商人就是有一官半职的半农业人口，怕偷怕抢，安全感差，所以喜聚居。即使像宏村"承志堂"这种号称60万两白银所建的豪宅，也是在村落中的小巷深入，外部被围墙包围，正宅也只是三开间，不敢"僭越"。正统的官员宅第又另当别论：门外有上（下）马坪，内有轿厅，正开八字门，而呈坎的"罗东舒先生祠"则是四进四院格局，外由棂星门、廊亭、仪门、甬道、丹墀、厢房、露台、享堂、寝殿九部分组成。最后一进的"宝纶阁"，是存放圣旨和皇家各类批文的地方，面阔达11间。

官和民的区别不仅是经济实力，更是社会地位，在建筑上也会体现出来。徽派建筑是南方传统建筑的集大成者，科举发达，经商致富，建筑自然高人一等。徽派建筑的内部构建上很少用彩绘，不是因为资金不够，而是材料太好。木材主径通常大于30厘米，梁高甚至可达40厘米，整根原木，材质往往为楠木或银杏。装饰主要靠雕刻，徽派建筑有三绝，即石雕、砖雕、木雕。将木雕做到极致的是卢村的木雕楼，楼主人是一个商人，他的六个姨太太，每两人一楼。从该楼外看也是白墙青瓦，房屋内部，除了柱子和隔板，其余的门、窗、栏板、牛腿、花伢子、雀替等满雕图案。有钱没官的人家，往往只能在装饰上下大力气，为的是给商人争口气。在纯住宅建筑中，正厅太师壁的两侧各有一个门，通后进或转入太师壁后的楼梯，可上二楼。这两个侧门上方，一般都有一个元宝形的木雕构件，烫金花纹居多，呈元宝形，与侧门的两根立柱，构成一个"商"字，但少一个"口"。有人经过，便填上了这个"口"，隐喻是"任何人（口）"，都在我商家下面过。外面是"士农工商"，"商"为末，但进了我家门，"商"在上。在徽派建筑中，宅第的平面布局往往受场地的约束，多为纵向的布局，也就是开间并不宽，但一进一进往里推进，一进比一进地位更高。但这种平面布局最终会构成一个纵向的长方形，形似棺材，商人会认为这种平面布局是"凶"兆。所以要通过边上加上一些附属用房来打破这种格局，化解"凶相"。在徽州，大门的朝向是第一件要讲究的事，村落中水口的位置，风水树的长势，阴宅的方位，甚至村口桥梁的孔数，都是有讲究的，但这种讲究往往做得不露痕迹。而门楼的砖雕则是一户的脸面，务必奢华，俗话说"万两（白银）的房子，四千的门"，徽宅有时会把一座两层三楼四柱三间的牌坊嵌进大

图 3-22 徽州天花彩绘

图 3-23 徽州梁架及彩绘

图 3-24 徽州卢村木雕

图 3-25 徽州石刻

门外框中，可见老徽州人对门楼的重视。在徽州保留最古老的一处宅子是程氏三宅，建于元末明初，在明朝末年转手卖给程家三兄弟，其中有两个宅子在一处，另在几十米外有一处。程宅的"务本堂"部分，进门后有一个狭长的天井式院落，旁边有可直上二层的楼梯，楼下一明两暗，暗间隔成前后两间。楼上的厅是半敞开式的。明代的宅子和清代的宅子在使用功能上最大的不同就在于这上下两层的关系。清代居民，下层是主要生活空间，上下两层高度有差异，上层是杂物房，基本不住人，即使住人，也是家庭中地位比较低的，所以下一层要比上一层高。明代民居建筑，主要生活空间在二楼，主厅在二楼，主卧也在二楼，书房同样在二楼。普通的客人，只到一楼的厅堂，只有贵宾可引上二楼，所以明代徽派建筑二层楼层高也比较高，采光、通风、视野、防潮均好于一层房间。由于二楼经常有人走动，为防止木楼板缝隙掉落灰尘，在一楼的天花板上，反钉有一层竹篾席，席编"万"字花纹，既有实用性又有装饰性。在程宅中，原来墙上是贴墙纸的，从明代到清代，贴了有六层之多。程宅中所有的木质构件，不论是柱还是木质墙板都不直接落地，而是在地面上先按平面位置布置石质条形"二次基础"，在木条下部开有气孔，可散湿气；在石条基础上再竖木质墙板。柱础也很讲究，在木柱下端头和石柱础之间有一层木垫，在木垫受潮损毁前可以拆除替换，替换时可用笔杆顶起上部荷载，替换新木垫板后再放下，不会影响房屋的整体稳固性，房屋维修的工程量也可以减到最少。

徽派建筑在南方民居中的地位是由其经济实力和文化水平决定的，它的建筑模式不仅存在于安徽，对中国东南、南方地区也有着深远的影响和示范作用。徽派祠堂多是标准的三进两天井，第一进为门

图 3-26 徽州祠堂戏台

厅所在，门口有抱鼓石，门框上方有成对的门簪，一般为4枚，当地人称抱鼓石和门簪为"门当户对"。"门当户对"也用于住宅建筑的大门上，是家庭经济实力和社会地位的体现，祠堂入口是一个家族的脸面的体现，飞檐翘角，斗栱层叠。第二进，当地人叫作享堂，是祭祀活动的重要场所。第三进叫作寝殿，是放祖先灵位和画像的地方。第一进和第二进之间的天井是主天井，其一般面积较大。天井的两侧有厢廊，第二进与第三进之间的天井是狭长的，二、三进空间的过渡要通过天井两侧连接的厢廊。寝殿的地面位置往往做得很高，厢廊端头有石质阶梯，通过阶梯可进入寝殿。

有时厢廊与寝殿的地面落差有一米多，这样祖先的地位从仰视的视觉效果上就得到了提升和烘托，这种空间布局影响了南方的许多地区。徽州的祠堂内通常是没有戏台的，笔者也请教过当地的乡民，当然是村里比较有文化的老者。他们的解释是，这样做不严肃，在祠堂里唱戏也会打扰先人的安宁，所以戏台是在祠堂外的独立建筑。徽州地区，戏台在祠堂里的只有祁门县。祁门在徽州多少有些另类，科举不兴，不重经商，安于享受生活，山多地少，却一年只种一季水稻。祁门有戏台的祠堂主要集中在磻村、坑口村一带，祠堂的入口不在正口，而是边上的一个小侧门。戏台正对寝殿，两侧厢部的位置改造成了上下两层。上层是包厢式，祠堂豪华的部分都在戏台上了。这些有"祠堂"的戏台多建在水陆码头或山货集散地，是买票进场看戏的。祁门人喜欢看戏，远处的黄梅戏班，近处的目莲戏班都曾在祁门的戏台上演出过。村里如果有人对长辈不孝或邻居不和，理亏的一方都会受到处罚，惩罚的方式就是花钱请戏班来村里唱戏。至今戏班的名号和演出的剧目，还在戏台后的壁板上清晰可见。祠堂里仅有的寝殿成了次要建筑，谦和地"与民同乐"。

徽派住宅建筑由四要素组成：大门；围合部分，包括影壁部分；天井；正房主体部分。徽商越是经济实力雄厚，大门就越气派，几乎是成正比的。徽派建筑，看大门，几乎就可以看出主人的经济和社会等级。此外还有围合，特别是高墙围合封闭，也是徽派建筑的重要特征。其对外防盗防贼，高高的马头墙防火；对内，禁锢家眷。

李秋香的许多著述中都提到了天井的风水作用。天井的作用确实是多重的，除了通风采光，还有"聚财"的作用，"肥水不流外人田"。下雨时"四水归堂"，雨水从天井边沟的泄水口流出，泄水口要尽量做得隐蔽，让去水不可直泻，有留财之意。泻水口的石刻花纹也多被刻成"钱币"纹，水即是"财"。天井另外一个作用，是和大门的朝向结合的。徽派建筑民居，除官员住宅外，民宅的大门和正厅的朝向是呈90°的，也就是说，正宅的明间厅堂正对围墙的照壁，而大门侧开，因为大门是阴阳交合之处，外面如果有"煞气"或是鬼神，即使进入大门，也无法直接"冲撞"房主。另外，天井之"井"，隐含了"水"的意思，"鬼"不能转弯，入"水"则消，这是徽派建筑中迷信的部分。

在皖南看到的大部分徽派建筑的正房是两层楼，中间是明堂，正中太师壁，前门条几上"钟、升、瓶、镜"四件。东瓶西镜，隐含"终生平静"之意。几案前是八仙桌和太师椅，两侧是给次要客人入座的罗汉椅和小茶几。太师壁背后是夹楼梯，窄而徒光线暗，厅两侧是卧房，面向天井开窗，窗多木刻雕花，下部有"护净"。窗是木刻的重要展示区域，若房间纵深较大，就可以"一脊翻两堂"。前厅较大，而后厅较小。太师壁在后金柱位置分隔前后，在正厅的檐口下显眼处放着"合欢桌"。其是两个半圆桌，合在一起时,说明男主人在家,男客人可进屋拜访。若"合欢桌"分开,各自靠两侧墙放,则是主人不在家,男客免进。徽派建筑是比较典型的木框架—砖围合结构。所谓"墙倒房不倒",山墙两端的木构有部分是穿斗式,中间两榀是抬梁式。墙体为青砖空斗,有"两眠一斗"或"一眠一斗"。全空斗的很少,外敷石灰砂浆,砂浆中有掺糯米浆和蛋清之说。这种外墙经过长时间风吹雨淋,外层白沙浆也不会剥落,在时间与环境的作用下会形成自然的灰色纹理,如云纹一样变化。室内地面多为三合土经夯打而成,也有土中掺糯米浆之说。一是三合土的处理方法,土要炒熟以防土中的草籽发芽;二是搅拌细致,当地人的说法是以碗为单位,一碗一碗手工撮合;三是在夯打过程中严格掌握土与水的比例关系,并且要把三合土里的水全打出来,才算夯制成功。一般地面使用100年以上不成问题。再讲究一点的地面,就是方形地砖(边长40厘米左右),每块砖的边和面层都会打磨,打磨后呈45°斜拼,使用年代同样久远。

图 3-27 徽州关麓村

图 3-28 宏村

图 3-29 粤东村落祠堂

粤东民居

粤东的潮汕地区和福建的关系，类似于湘东和江西的关系。潮汕方言属闽方言而不是通常说的粤语白话。广州人不一定听得懂潮汕话，所以粤东的潮汕和闽南又是一个文化圈，也如同婺源和皖南的关系。

今湘东的桂东地区，有一部分移民是从广东、梅州迁移过来的。桂东贝溪乡的"聚龙居"主人也曾在广东为官，"聚龙居"的建造者中，有一部分工匠也是直接从广东聘请来的。

粤东的潮汕民居有以下几个特征：（1）民居的山墙顶端有五行之说，即分为金（星）式、木（星）式、水（星）式、火（星）式、土（星）式，也就是下有阴阳五行，上应星宿方位。（2）祠堂、寺庙及重装饰，形态更接近闽南；而彩绘、灰塑、瓷饰，广东和福建的水平更接近；但就石雕而言，福建更

图 3-30 潮州村落民宅屋架

图 3-31 粤东民居石刻细部

图 3-32 粤东民居彩绘

图 3-33 粤东民居山墙顶部装饰细节

图 3-34 粤东民居墙体装饰

胜一筹。（3）平面布局有地方特色，下以陈慈黉故居为例进行说明。

陈慈黉是潮汕隆前镇前姜村人，清晚期即赴南洋经商，晚年归隐故乡，建造了这座堪称"侨乡第一豪宅"的潮州民居。中西合璧是这座建筑的特色，这座宅第占地1.6万千米，厅房共计506间，陈宅的平面布局是一种扩大版的"驷马拖车"。

潮汕民居，一般中等人家的基本平面形态在当地被称为"下山虎"。仅从字面不太好理解，但从房屋的正面看，就容易理解了。大门是一个顶部带燕尾脊的门厅，门厅两侧为前房，山墙构成"下山虎"的前部，门厅入内是天井，天井后面是正房。天井正对后厅，大门、前厅、天井、后厅在中轴线上。后厅两侧是大厢房。后厅所在的正房房顶看就可以看到"虎脸"——门厅。"前虎爪"——前房山墙和"虎屁股"——正房中部。而"虎"的两只"后爪"是后厅两侧的大厢房。但看不见，所以叫作"下山虎"。

由"下山虎"进一步发展，就是"四点金"。"四点金"是纵向拉长的"下山虎"，前排第一进还是由门厅（大门）及门厅两侧的小厢房构成，中间是天井（潮汕的天井不同于南方的其他天井，更像是院子）。天井两侧是厢房，这种厢房可以是房，也可以一面开敞，成为小厅。天井后面和"下山虎"一样，是正房中间为后厅，两侧为大厢房，正房檐廊下是过道。"四点金"的平面形制接近于原点对称，是一种均衡布置，由于前进与后进的距离稍远，在正面很难看到正房的正脊，所以就以这种民居的平面布置特点为主，称为"四点金"。

"驷马拖车"又是在"四点金"的基础上发展而来的，平面以"四点金"为核心，在"四点金"的两边外侧再各加一条"花巷"。花巷外侧再加一排下房。在正房的后面再加一排"包房"。这样，

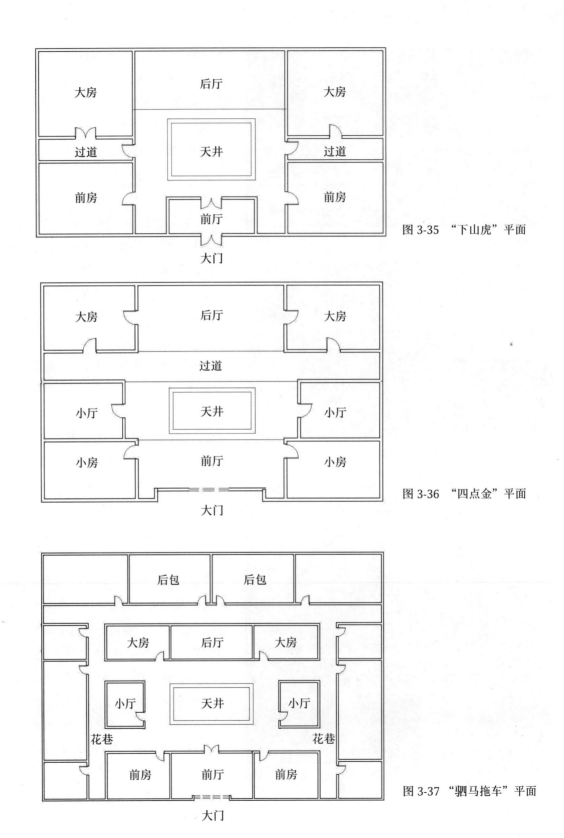

图 3-35 "下山虎"平面

图 3-36 "四点金"平面

图 3-37 "驷马拖车"平面

图 3-38 粤东民居山墙

图 3-39 粤东民居形态

在总平面上就构成了"三进三纵"。三进为门厅（大门）、后厅、后包房，中轴一纵为门厅—天井—后厅，两侧各有一纵为花巷下房。从正面看"驷马"或"四马"为左侧下房山墙、前房左山墙、前厅、大门、前房右山墙、右侧下房山墙，而中路的天井、后厅及后包房就是"车"。"驷马拖车"建筑的前部一般都有一块较大的坪，可以从正面完整地看到"驷马拖车"的全貌。陈慈黉故居更是在"驷马拖车"的基础上，在两侧及后部进一步扩大，成为潮汕地区"驷马拖车"的升级版，所以它的前坪也更加宽大。故居的总平面布局是完全中式的，木构及木雕部分以及墙体，包括墙顶的五行墙耳，还有故居内的家具绝大部分为中式。西式部分包括几乎所有的门窗、地面楼梯、阳台及部分主体结构部分。出于防御需要，外侧墙体内都有可以上到房顶的通道，并沿外墙形成一种房、墙顶部的交通构造。在遇到兵匪侵扰时，家丁可以全部上墙对外防御。山墙的花式除了正常尺度的五行以外，还有组合式的五行及大幅五行变体山墙等。在陈宅内，还有几十种瓷砖地面花纹、水泥和拼花瓷砖全部是从国外进口的，在地面、墙面、檐口、屋脊，到处可见拼花的瓷砖装饰。这样一座大规模、高规格、工艺复杂的建筑，据说是陈慈黉一人设计、监工、请本地工匠施工做出来的。一无方案，二无图纸，三无文字或图案资料，就靠嘴说。

粤东民居，真正影响湘东的，还是它的装饰能力。

湘中民居

湖南省地理中心位置在涟源与邵阳之间，若除去长沙、株洲的湘北、湘东地区，那么传统意义上的湘中只有湘潭、衡阳、娄底、益阳等地，除长、株、潭三地外，由于衡阳位于京广线，107国道及湘江干流经过衡阳，水陆交通便利，经济、文化等在湖南省内均比较发达。在衡阳市内，有一处大屋——陆家新屋（现已开辟为衡阳保卫战纪念馆），是湘中民居的代表之一。

陆家新屋是清代记名提督振威将军陆成祖于光绪七年（1881）建造，其面朝东南方向，前方有塘，主体为砖木结构，穿斗梁架，两端硬山搁檩；外观以四面五花马头山墙和大门组成正立面，山墙上有衡阳保卫战时留下的累累弹痕和一个炮火轰击出的直径1米的大孔；主体部分，长80米、宽33米，占地面积2640平方米，进入大门后正对正房。正房为五开间，两侧厢房各六间，总体呈"凹"字形，围合出一个大院。在主体厢房两外侧还各有一排带横堂屋的厢房，左侧为六开间，右侧为三开间。正房两侧的这四组厢房各自围合出花园与过道。陆家新屋在近代修葺过，但是因为房屋的大部分墙体是原有的，因此，增修部分以屋顶及马头墙为主，整体布局、建筑特色等都得以保留，具有湘中民居比较典型的风格意义，主要特征如下。

1. 不论正屋，厢房均以横向为主，主平面也以横向的长方形为主。尽管有"两进"，但"两进"不是传统前后意义上的两进，而是由横屋组成的厢房。在左右之外，横向构成"两进"而且开间的数也有不受限的趋势。这种以若干组山墙形成外立面的方法与江西铜鼓的邱家大屋类似。

2. 所用的建筑材料具有典型的江西风格，大屋的基础和墙裙部分，由石块垒砌，台阶及转角石柱、柱础、门槛石，均为红砂岩。这种红砂岩笔者无从考究是否产自衡阳，但在江西浙赣线沿线，上饶、鹰潭地区可以看到大量红砂岩的采石场留下的大大小小的岩石坑。在江西乐安的流坑村，这种红砂岩也被普遍使用，同样被用在柱础、台阶、门槛等处。

所用的墙砖外观特征,也具有典型的江西砖瓦的特征。这种砖既非红砖,也非青砖。红砖是在氧化焰中烧制的,青砖是由还原焰烧制而成的。简单地说,窑炉焰性决定砖的颜色。江西砖呈黄褐、灰白、浅棕、深灰、铁青等若干种色泽,同一窑砖烧出各种不同的颜色,这种烧制工艺说明,江西砖的色泽呈现主要由砖泥土中铁锰含量的不同而呈现,而不完全由焰性决定。这种既不向红砖的色泽靠近,也不是青砖的色彩特征,砖窑的焰性可能是中性焰。外墙面直接以这种杂色砖砌筑成清水墙,外墙不用白灰粉刷。

3. 所有墙体均为眠砌,不论正房、厢房、围墙,均用 300 毫米 ×200 毫米 ×100 毫米左右的大砖,整体结构显得非常牢固。马头墙的上沿中部向下,呈反弓状,显得曲线优美,灵巧中带有力度,马头墙

图 3-40 湘中村内规划过的道路

图 3-41 湘中村落

图 3-42 湘中村落生活用水

图 3-43 湘中大屋墙体细节

图 3-44 湘中石刻

端头翘角向内反弯，堆塑和雕花工艺精美，具有很高的审美价值。

4. 房屋整体建筑在一个近 1 米高的人造台地基础上，不仅防水防潮，也使建筑本身显得更有威仪；同时，以开敞的院落取代了天井。进入大门后，向正房和厢房的行走更加便捷和自由，院落因此比天井的空间显得更加大气。

综上所述，皖南民居由于其在明清的经济和文化地位，尤其是经济实力，决定了其在江南广泛的影响力。其布局亦深受儒家理教思想的支配，重视礼制和等级观念，用料奢侈，工艺复杂，风水观无处不在。但从审美的角度看商人气息重于文人气息，以"儒商"和"耕读"自称的徽商还是儒为表象、商为本质的炫富心态突出。

江西的民居以流坑村的成片传统建筑为代表，尽管流坑也是靠竹木山货贸易聚集财富后，才有实力大兴土木，建成今天我们看到的七横一竖巷200多座明清大宅。但在笔者看来江西民房老宅，以朴实和文化彰显气势。尽管构件上的彩绘少、雕花少，但横平竖直以几何美构图，不落俗套，总体来看文人气息要重于商人气。赣西地区，除了普通民居外，还有一部分客家人的村落，建筑的封闭性强、聚居性强、防御性强。从湖南浏阳进入江西省的路途中，房屋的风格基本没有变化；从醴陵过萍乡进江西的这条通道，民居的风格也是非常接近的，就单体而言是无从分辨的。

粤东民居与闽南民居同属一个文化圈，平面自成一格，门楼屋脊的反弯更大，燕尾正脊向两端高

图 3-45 湘中大屋马头墙

图 3-46 湘中大屋过亭梁架

图 3-47 湘中大屋梁架

图 3-48 湘中大屋内坪

图 3-49 湘中大屋内部空间

图 3-50 湘中老宅室内

图 3-51 湘中衡东县民居形态

高上翘。硬山顶的两端山墙顶部以五行式（金木水火土）以及各种变体来区分，雕花，不论木雕、石刻都向深浮雕和镂空雕发展，手法繁复，强调装饰性。就装饰性而言，广东在全国首屈一指，最好的石刻和灰塑彩绘工匠应出自广东。广东也是中国最早向海外开放的区域之一，西洋、南洋的建筑工艺及建造手法也是最早影响到了广东，并由广东再向内地渗透。

湘中与湘东的民居风格非常接近，很难说是哪个影响哪个，但湘中民居在村落布局中显得更有规律性和全局观。同时，一些西洋的建筑风格，在湘中等经济发达地区的影响力也要大于湘东地区，但至少在清末或民国时期，西方的立面造型及装饰图案也开始影响到了湘东的偏远地区，如攸县广黄村的"洋屋"即为一例。

肆

第四章　湘东村落建筑类型

一、湘东村落的建筑构成种类

从湘东实地调研的情况可以得出这样的结论，90%的村落人口，他们的祖辈是从江西迁徙过来的。异地而居，生存的安全性成为一个村落的首要问题，这就要求全村人在精神上有一个核心，在面对大的生存、发展问题上要有凝聚力。每一个村落就是一个小社会，而小社会中需要各项村落设施及村规民约，从物质到精神、从生活到生产面面俱到，湘东乡土建筑总体来讲，主要包括以下几种建筑类型：

祠堂建筑

老子曰："人法地，地法天，天法道，道法自然。"说的就是人与道的关系；儒家理学讲"存天理、灭人欲"，我们通常理解的往往是其负面的一部分，而正面的意义，是在一个大的集体中（比如村落），要克制个人的欲求，要有大局观。中国古代是农耕社会，小农经济导致小农思想，但小农思想在儒家思想体系中从来就是被批判的，而所谓的"天理"就是以"仁"为核心的"礼"。"礼"除了遵从等级观念外，在农村生活的大部时间和空间，就要为别人着想，要为别人留有余地。要想将来别人怎样对你，你现在就要怎么对别人，包括对过世的先人。传统建筑文化中也讲究村落的位置与大环境的关系，讲究与阴阳五行的和谐。在"天人合一"的观念中，不论是儒、道还是传统建筑文化，都有一致的观点。若将一座村落比作一个人，那么，山为骨，水系为血脉，道路为经络，土地为皮肉，林木庄稼为毛发，而祠堂则是一座村落的灵魂。

祠堂的总体情况，在柳肃先生的《中国建筑艺术全集：会馆建筑·祠堂建筑》一书中有详细的介

图 4-1 毛源村总祠

图 4-2 龙氏家庙

图 4-3 郭氏宗祠

图 4-4 扶氏宗祠

图 4-5 陈氏大宗祠外观

绍，内容包括：祠堂建筑的性质和种类、起源和历史发展、平面形式、使用功能及建筑形式，并用大量精美的图片诠释了祠堂的装饰艺术及地方特色。

湘东地区，凡有一定时间积淀的村落，都曾在历史上有过自己的宗祠。它们有些保留下来了，有些则毁于各种天灾人祸兵火中。湘东祠堂的渊源来自两个根本原因：一是移民对全族安全的考虑，要保证"人心不能散"，这样在面对天灾人祸时才能有抗击的能力；二是单姓血缘村，湘东的古老村落中娶妻会娶外姓女子为妻，而本村大姓女子家如果招赘，男方在这个村里则会受到歧视和排斥，村民多认为外姓男子的加入会影响该村血统的"纯净"。在其他地方，如徽州地区，"×氏祠堂"之外，往往还有一个很雅致的堂号，郭本堂、奎本堂、嘉会堂等。

在湘东地区，这一特征也得到部分保留。湘东的部分地区由于近代战争的冲击，许多祠堂已失去了堂号而仅存以姓氏冠名的祠堂，甚至有些祠堂由于历史原因，连名称都无法得到完整的保留，被命名为"××旧址"，如炎陵县"八担坵"边的"周氏祠堂"。

湘东祠堂往往在第一次建造时，就是严格按祠堂本身的功能要求建造的，不论是总祠还是分祠，没有经历过大宅民居到祠堂再到民居，到近期恢复祠堂这样一个过程。而在其他地区，例如江西流坑村，全村八十多座祠堂，大多经历了这样一个过程。湘东地区尽管在文化上深受江西影响，但在对待祠堂上，还是很严肃的。一个姓氏迁来若干代后，在人口增长、经济实力允许的条件下就会修建祠堂，并编族谱。第一次修的祠堂就是总祠，总祠也不是一成不变的，现在看到的总祠往往经历过多次扩建、重修、大修等工程改造。在家族中，有的房派在几

图 4-6 毛氏分祠

图 4-7 龙氏分祠

图 4-8 郭氏分祠

图 4-9 陈氏五房宗祠

代之后，人丁兴旺，有了一定的财力之后，从原村址搬出，在其他地方重新选址开荒起屋，再建一个本房派的分祠，但依然还是认为总祠为正宗源头；还有的房派，在壮大之后并不从本村搬走，而是扩大原有村落的地盘，在同一个村中再建分祠。这两种情况在湘东都很普遍，这里的祠堂功能具有多样性，清明祭祖是目前保留下来的最重要的功能。在清明时节，外地的宗亲都要回正源的宗祠祭拜。在2013年桂东罗氏宗祠的祭祖席次上可以看到，远地的从广东连州、从资兴赶来，近的从县城及本县的其他地方赶来，祭祖之后在祠堂开餐吃酒，摆50几桌，400多人同在一个祠堂里吃饭，从名单上看至少同时跨越了五个辈分，辈分和年龄不一定成正比，这也是乡亲之间的一件趣事。湘东祠堂大部分是三进，进祠堂的行走流线若是走两侧的厢廊，那么祠堂往往是三进之间两天井；若走中轴线，天井区域则一分为二，每进之间的天井被通道分为左右两个，通道上有遮檐及过亭，形成两过亭四天井格局。祭祀用品包括开流水席的桌椅板凳及碗筷，平时放在祠堂空闲的地方，而大型的祠堂还配有附属用房，主要是厨房，面积几乎和祠堂一样大。

江西是风水流派"形势宗"的发源地，湘东亦受其影响。在位置与朝向允许的情况下，祠堂的前方应尽量开阔，在祠堂的正前方多为人工挖掘的半月塘，这个塘在风水上是"藏风纳气、聚财"的所在。湘东祠堂的大门外一般有抱鼓石，抱鼓石的方位有垂直于大门摆放的，也有呈外"八"字摆放的，大门一般是石质的门框，即石库门的形式，也有全木构造的。正面有三开间，也有五开间，或明三暗五等多种立面类型。第一进的左右两侧墙体上是记录祠堂建造过程中的各种碑记，几乎每重修或更新加固一次都会有碑记。碑记的第一个内容就是每一次修葺时捐款人的姓名和所捐金额，主持修建的乡绅姓名等。第二进是主要祭祀活动的场所，所以也会是祠堂体量最大的一部分，为庄重起见，有的祠堂在第二进后金柱中间设屏门，现多被拆除，但建

图4-10 祠堂及其附属用房

图 4-11 叶家祠堂

图 4-12 湛氏祠堂

图 4-13 谭氏宗祠

图 4-14 谭氏宗祠山墙

图 4-15 罗氏宗祠

图 4-16 何氏宗祠

图 4-17 街拍彭氏祠堂

图 4-18 街拍李氏祠堂

图 4-19 龙氏家庙内部空间

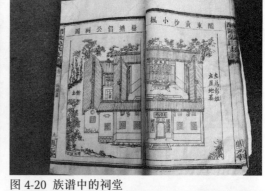
图 4-20 族谱中的祠堂

图 4-21 扶氏宗祠内部

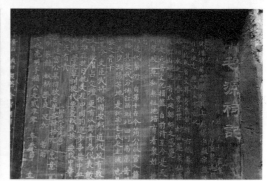
图 4-22 祠堂碑记

图 4-23 毛氏祠堂内部

图 4-24 周家祠堂

图 4-25 郭氏总祠寝殿

图 4-26 革命旧址·朱家祠

筑构件的痕迹还在。最后一进是寝殿，是祖先灵位所在地，也是三进中位置最高的一进。祖先牌位有的是直接放在香火台后的阶梯形案几上的，有的是放在隔扇之后屏蔽着，只有在祭祀时才打开隔扇。

湘东祠堂，在不同的历史阶段有不同的功能，最原始也是最重要的功能就是祭祀，同时兼有解决村民纠纷、评判是非的作用。（以下为富头村原村支部书记何新招口述内容）攸县富头村祠堂还有一种惩戒方法，若有村民违反村规民约或是不孝顺父母、不敬师长，族长可在祠堂开堂审断是非，随后村里有声望的家长就把祠堂的鼓拆掉，每户拿一片鼓板。违规的户主就要到这些拆了鼓板的家里挨家道歉，放鞭炮把他们再请到一起，在村里摆三天宴席，再认错，请他们交回鼓板，重新把鼓箍上，这样才不会影响第二年的清明祭祀，否则犯错之人将无法再在这个村子里生活下去。三天宴席足以把一户普通人家吃穷，所以，这种经济惩罚手段的力度是很大的，起到了一定的维护民风和正气的作用。到国内革命战争年代，湘东祠堂又有许多被征用为部队驻处或主要机关办公地点、军团指挥所等，新中国成立后又是农会和公社的主要活动场所，在祠堂的墙壁上还保留了大量的"文革"标语，有的也作为农民夜校，甚至直接作为村小学使用，祠堂原始功能中的一项也是作为"村塾"来使用的，即由村民集资或独资办学，对村里的适龄儿童进行启蒙教育。改革开放以后，祠堂的作用再一次彰显出来，重新作为一个血缘村落的祭祀场所，但其他功能已不复存在。

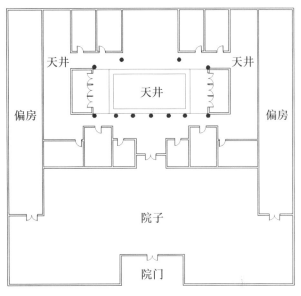

图 4-27 江西省铜鼓县排埠、黄溪村邱书公祠（分祠）

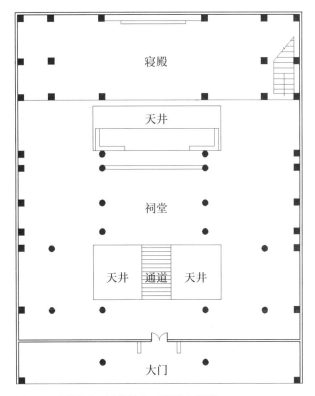

图 4-28 祁门历口彭龙村查田组张家祠堂

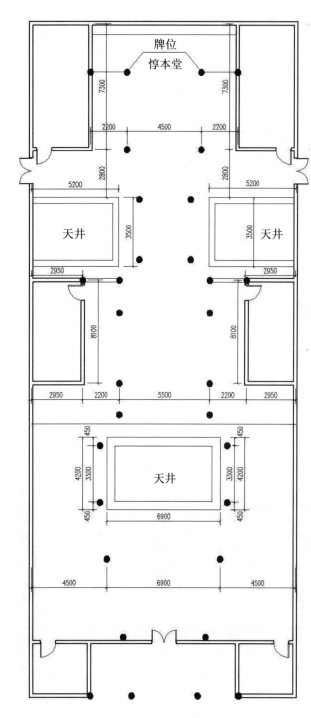

图 4-30 平江县毛源村毛氏宗祠（家庙）

图 4-29 茶陵县秩堂乡皇图村（黄土村）龙氏总祠

民居及其分类

民居作为一种建筑形式，最主要的功能就是居住，一个村落中 90% 的建筑都是为满足居住要求而建造的住宅。建造住宅，也是一个村落中男性居民在当地安身立命的标志之一。住宅不仅是为了满足当代人的居住需求，也是为了满足下一代人的居住要求。在湘东，建房叫作"起屋"，是一个非常隆重的事，也是一个家庭经济能力的体现。湘东的民居住宅以规模来划分，可以分为两大类：一是普通住宅；二是"大屋"。

（1）普通住宅

普通住宅是民居中数量最多的，但大部分受财力所限，建筑质量不是很好，老宅能保存下来的不多。墙体多为夯土或土坯砖砌筑，少数是用青砖，以石灰黏土混合砂浆作为黏结剂砌筑，以三开间为主，也有五开间横向房屋。这类普通住宅，建于清代或民国并得以保存下来的实例是不多的，我们现在在村落中见到的大量的土坯墙体或小开间普通青砖墙体住宅多建于新中国成立后，最晚在 20 世纪 80 年代，还在建这类住宅。这类住宅被拆后，替换的就是红砖墙砌筑，还在砖墙外贴瓷砖的"新屋"。

在冬塔乡看到一座明代末年的普通民宅实属偶然，按村民的说法，这座"废宅"是他们村里一房比较重要的祖先的房子，所以就由它去。普通的住宅可以变化出许多变体形式，以三开间或五开间单层住宅为主体，可以由单层变为两层楼房，可以屋后加拖步，即房屋后屋面向后延伸，形成披檐。拖步可以从二层拖到一层，也可以从一层屋面一直拖到一个成年人的身高左右的位置。不论房屋的平立面如何变化，湘东几乎所有的民居住宅，都有堂屋，就像前面所提到的，祠堂是一个村落的灵魂，堂屋也是一个住宅的核心和灵魂。湘东和江西的民宅堂屋都在正房中处于中心位置，这里是一家人平时活

图 4-31 潼塘民居

图 4-32 浏阳民居

图 4-33 茶陵民居

图 4-34 攸县民居

图 4-35 平江普通民居

图 4-36 醴陵沩山民居

图 4-37 炎陵民居

图 4-38 桂东民居山墙

图 4-39 桂东民居

动的主要空间。在堂屋的正中墙面上，都有"天地君(国)亲师"位。这个牌位的重要性甚至高于祖先牌位，它是这个地域（江西和湘东）整体族群文化价值观的根本体现，是天地、家国、人伦一体观念的集中表现。在"天地君(国)亲师"牌位两侧或是有吉祥语的对联，或是有尊祖敬宗的话语或是本姓家族郡望的出处等词语。

在普通住宅中，保留下来最多的是一种组合式住宅，平面由两进一天井组成，天井两侧各有一厢房。这种住宅是村中比较富裕人家的住所，第一进通常是三开间，也有少数为五开间，正中一间为门厅，大门就开在门厅中部，即两根正脊柱之间，在大门口形成一个向内凹的"吞口"，进大门即为天井。但在湘东地区，这个位置的天井有两种平面布置方式：一种是一个完整的长方形天井，天井两侧各有一个两开间的厢房，厢房有时也与第一进的末间相连。另一种是从大门进入后紧连一个过亭，过亭是主要通道，过亭两边各有一个方形的小天井。小天井两侧若空间允许，就各有一个厢房；若空间不允许，小天井外侧就直接接院墙，过亭之后正对开敞的第二进明间，明间即为堂屋，堂屋两侧是对称的厢房。第二进的开间数与第一进一致，第二进的屋檐下是横向的过道，一般不会和天井边的厢房连接。

这种房屋的大门多为石条砌筑成的"石库门"式样，但门前不会有抱鼓石，屋顶也多为青瓦悬山，不会用到硬山封火墙。其内部功能齐全，朴素而实用，外观亦不张扬，但位置相对独立，原始状态时不会和其他人家的宅子挤在一起，内部的门窗、构架等也不会雕花，夯土地面居多，但墙体均为大青砖——一般尺寸在300毫米×200毫米×100毫米左右。墙体采用眠砌，所有檩条都搁在墙体顶端，两端为山墙搁檩，在江西万载、铜鼓、乐安与湘东，不论建筑档次的高低，"山墙搁檩"这种做法在住宅建筑中是非常通行的做法，具有普遍性。

(2) 湘东大屋

湘东大屋是湘东地区民居中规格较高的住宅，一般是由乡绅、退休官宦、大地主、有实力的商人，或具有科举功名的人建造的宅第。这种宅第有可能是纯住宅，也有可能宅祠一体，或先宅后祠，但大屋内的"祠"仅仅是局部性的，如在最后一进的中间明堂，有时也是临时性的，用于家庭祭祀，或是支派的房祠，不可能作为全村的总祠来用。大屋从空间和平面来看应具备以下条件：一是正面内部实际开间不少于五开间；二是纵向必须有三进，才能被称为大屋。大屋前面有坪和塘，后有山和林，主要木构件上有花纹，石构件上有石刻浮雕，有的大门外有抱鼓石，大门上有门簪；有的坪外有围墙，围墙上开有院门。房屋转角的阳角部分有防撞和加固结构的石条，房屋基础也由石材铺垫，房屋的主体结构由木构架组成，甚至是用石质方柱支撑上部木质构架。如果主人有功名，则会用功名来命名自己的"大屋"，如"长世第"或直接被村民叫作"举人屋"；也有的直接用主人的姓名命名，如"冠军大屋"，或直接叫作"刘家大屋"。从外观上看，大部分在山墙顶端有马头封火墙，墀头部分顶端（盘头）有灰塑花纹或彩绘。除主体部分外，还会有下房，下房一般在大屋的两侧主体部分。更大的"大屋"，除中轴线上有三进、四进外，两侧还有对称分布的跨院。如茶陵虎踞·乔下村·陈家大屋、平江·虹桥·平安村冠军大屋、童市烟舟大石板屋场、醴陵白兔潭·刘家大屋、桂东·贝溪乡·聚龙居、普乐·东水村·刘氏兄弟联排大屋等。

茶陵虎踞镇乔下村的"陈家大屋"原名"石城大厦"，陈姓郡望颍川，建房者为陈石城，字及锋，清诰封五品奉政大夫，生于道光年间，殁于光绪年间。建房前，石城公也是走访了附近的许多地方，请了不少风水先生"相地"，最后定居于此。从风水上说，此地处在被称作"飞龙探海"的龙口上，大屋坐东南，朝向西北，依山傍水，后高前低，如"飞龙"张口飞向前方的汨江，一条小溪经"龙腭"流经口中，房前半月塘是"龙口含珠"，坪里的两条石板小径是"龙须"。大屋总占地面积6000余平方米，房屋占地3200平方米，开工建造于1854年，竣工于1869年，历时10多年完工。第1年是土方工程，挖平后部填出前坪；第2—4年，3年时间做基础工程，主要修建地下排水系统，结合完成天井部分的石材加工，房屋基础及墙基下部露明部分的石质基础；5年建造主体部分，完成上部砖木结构，然后做门窗及装饰。大屋至今已有150余年，

大屋砖木结构，青砖砌墙铺地，青砖院墙，青石板装盖天井和排水沟。正房外墙再用三合土分层筑至1.5米高，夯土墙除了划分空间外，兼有防潮的作用。在空气湿度较大时，可以吸收部分室内潮气；在干燥的季节，夯土墙内的水汽可缓慢释放到室内空气中。夯土的蓄热、隔热性能也比较好，尤其是夏季室内比较凉爽。同时，夯土墙的防盗作用也要优于青砖空斗墙。仓库在院坪的一端，倒座面对大门，同院墙一起形成围合。大屋共有房121间，其中18间公房，103间是6个儿子的住房，大小厅堂18间，天井27处，统称三正六横十八厅二十七天井。大屋呈方形总平面，以下、中、上三厅和倒厅为中轴线，倒厅和上厅实际上在一栋房下，为"一脊翻两堂"，是以砖墙，而不是木质板墙分隔。在中轴两侧各有三个跨院，分给六户，每户十八间，并含一个厅，

图4-40 平江"冠军大屋"

地面以青砖或三合土夯平实，实用性较强。其中倒厅部分是陈家比较有特色的部分，据住户说，倒厅在陈家老爷刚建成大屋时，是他的"办公室"或书房，后来被作为家族子弟的私塾。大屋构造特殊的地方在于梁、檩等结构构架全部架在墙顶，全屋没有一根木柱，房屋用料实在，而装饰性石刻木雕极少，在平实中显露大气。原先大门口有一对石狮，后毁于"文革"。

图4-41 平江"长世第"大屋

图4-42 平江"举人屋"

图4-43 茶陵陈家大屋

图 4-44 平江大石板屋场

图 4-45 桂东"聚龙居"

图 4-46 桂东刘氏兄弟大屋

图 4-47 桂东普乐老宅

图 4-48 桂东沙田老宅

图 4-49 炎陵桥头江家内部

图 4-50 浏阳锦绶堂

图 4-51 浏阳六栋堂

图 4-52 攸县广黄村洋屋

图 4-53 平江明末清初大屋

图 4-54 平江小坪村大屋

图 4-55 浏阳李家大屋

书院及村落文教建筑

湖南省一直是农业大省,经济不是特别发达,但教育并不落后,位于长沙的岳麓书院建于北宋,为全国四大书院之一。衡阳石鼓书院建于唐初,比岳麓书院还早200年,可见湖湘文风之盛,这也是"惟楚有材,于斯为盛"的底气所在。湘人读书刻苦,目的性强,读书是为出人头地,为改变命运,为经世致用或报效国家。身处乱世之时,投笔从戎的湖湘学子也很多;国家危难时,以身赴死的湘籍书生亦多。这和湖湘的教育内容和教育方法是分不开的,即使在湘东偏远山地,文风亦盛。从《湖南地方志》中可以查阅到,平江县曾办有"义学",校址在县城中心稍向东北的位置;浏阳市有"儒学署""文庙"、南台书院及考棚;醴陵有著名的渌江学院、文庙,城北有文昌阁;攸县有学宫和东山书院;茶陵有文庙、洣江书院、学署及考棚;炎陵县(酃县)有文庙、学署学宫、考棚、文昌祠和洣泉书院、梅冈书院;桂东县有学宫、学署、考棚及文昌庙等。在地方志中,这些文化建筑均有详细的古人手绘图稿。笔者从平江到桂东,沿途拜见了天岳书院、浏阳文庙、醴陵文庙及渌江书院、茶陵雩江书院(又名毗塘书院)、炎陵县洣泉书院等。这些书院在当时带有一种官方或半官方的教学性质,而村落中的学塾、私塾、书斋等则与官学没有联系,纯粹是村民集资或独资办学的形式。

徽州的关麓村有"双桂"书屋,宏村有村办书院名"南湖书院",又名"志道堂",在上厅挂有

图 4-56 岳麓书院

图 4-57 浏阳文庙

图 4-58 洣泉书院

图 4-59 醴陵渌江书院

图 4-60 茶陵洣江书院

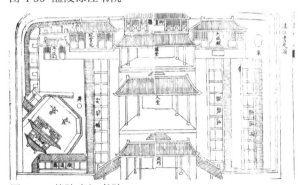
图 4-61 茶陵洣江书院

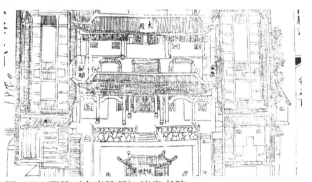
图 4-62 酃县（今炎陵县）洣泉书院

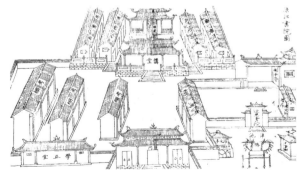
图 4-63 渌江书院图

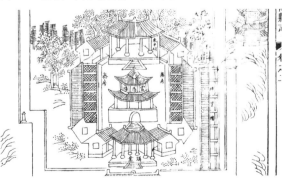
图 4-64 攸县东山书院

图 4-65 浏阳文华书院

图 4-66 平江天岳书院

图 4-67 浏阳文华书院大成殿

图 4-68 浏阳文华书院内景

图 4-69 永州萍洲书院入口

图 4-70 永州萍洲书院内部通道

图 4-71 永州萍洲书院围合空间

图 4-72 宏村南湖书院

图 4-73 江西流坑文馆

图 4-74 徽州双桂书屋内庭

孔子画像及颜子、曾子、孟子等牌位。宏村当年财力雄厚，得以在村中专门开辟一片土地，独立建造一所村办书院，并请来当时许多儒学名家来村中授课，至今还是村民值得夸耀的事情。与宏村书院类似的村办书院在江西流坑村也有，本村独立的"文馆"外有院墙和院门，从天井到文馆正门下厅，有一个带水池的院落，西侧为厢房，至第二进讲堂（文章司命），最后一进是两层楼的"道励堂"。这些书院或文馆在功能上都是以本村子弟为招收对象的教学场所，由大户出资修建，只要老师觉得孩童有一定的天资，本人肯学，家长同意即可入学，学费往往是视家庭经济情况而定，经济困难的家庭可以减免学费。

在湘东地区，这种村办的专门用于教学的书院和文馆很少。前文提到，祠堂的另一个功能就是办村塾，祠堂用作少儿启蒙教学或村办小学，这个功能一直延续到 20 世纪 80 年代。有许多村办小学还是以祠堂为主要教学活动场所，祠堂的中厅、上厅

图 4-75 祠堂内的学校

图 4-76 启明女校内廊

被当作教室使用。平江梅仙镇哲察村的湛氏祠堂即是一例，后来的村办小学建了新教学楼，还是紧挨着老祠堂。炎陵县的周家祠堂也曾用作办学，国内革命时期还正式挂牌"周南学校"。湘东另一类办学场所则选择安置在大户人家家中，平江童市镇烟舟村大石板屋场就曾经是"启明女校"——女子师范的所在地。抗战时期在此办学四年，女校的第拾、拾壹、拾贰、拾叁期毕业于此大屋。当时全校共有师生 200 多人，生活、办公、学习均在这一个大屋里。大石板屋场现住户之一，苏功胜，又名苏半僧，当年 83 岁，是以上这段历史的口述者。曾被作为女校的大石板屋场，其建造者名苏奉梧，字遇贤，号伟卿，生于道光二十三年（1843）八月十三日，卒于民国 5 年（1916）六月十日，生前从事红茶出口生意，发达后建此屋。苏伟卿乃苏半僧之曾祖，半僧之父名苏词鸿，生于光绪二十八年（1902），儿时即在此屋。这座大屋的历史在 140 年左右，新中国成立以后，大屋成为村公所，门厅的右墙上写有

新中国第一部宪法全文。大屋也曾作为农民夜校，办识字班为村民扫盲。由于大屋曾被作为学校使用，大屋内的空间格局有很大的改动。除中轴主体保持良好以外，其余部分多有分割重组，将生活、教学和办公区分开；同时为了交通便利，又在原来没有门洞的地方开凿门洞，这些修改过的墙体和结构部分至今得以保留。

另一种利用大屋办学的形式，是在大屋修造时即规划好的，利用大屋局部的、特定的区间办学。例如桂东贝溪乡聚龙居，建于清光绪十二年（1886），房主是官吏，退休还乡建大屋，他是通过正规科举考试进入仕途的文人，而不是经商发达后用钱捐来的虚衔。他的文化素养是比较高的，整座大屋显示出不同寻常的文化气息。在第二进的二楼（整座大屋均为二层楼房），有一处私塾，一大一小共两间，大间一侧开窗是教室，小房间是先生居所。天花板中心有一个一尺多深、两米见方的藻井，整个天花板布满各类彩绘，面积在 40 平方米左右。在墙面的

正中原有孔子牌位的手绘，现已模糊不清，但牌位画像两侧的对联还可分辨，上联是"德昭泗水孚天地"，下联是"道衍东山冠古今"。而在先生房门口也是手书的一副对联，由于曾在上面刷过白灰，也不甚清晰。上联"连思切处三篇对"，下联"智慧开时一笔花"，横批是"近乎知"，应该是鼓励和督促孩子们，"好学者近乎知（智）""知耻者近乎勇"，努力学习、端正做人。该私塾从建房之后即启用，一直到大屋被没收为止。茶陵虎踞镇陈家大屋的最后一进，"天地君亲师"牌位所在的分隔砖墙之后的"倒厅"，在不同的时期有不同的用途。曾经一段时间，是陈家子弟的私塾，后墙面上开了三扇窗，防盗功能受到一定影响，但能满足采光需求。

图 4-77 聚龙居书房对联

炎陵县城内的洣泉书院具有半官方半民办的性质，书院和祠堂一样，是庄重的地方，所以在空间布局上也有很近似的地方。洣泉书院就是三进两厢两院的平面布置，而且一进比一进高，与祠堂很像。书院前方有一个较大的坪，门厅一进建于明台之上，所以从坪上门厅大门入口要走 14 级台阶。从大门进二进，晴天可从院子中的石板过道直走，雨天可从厢廊绕行，从门厅进二进大门要上八级台阶，二进亦建于一个台阶之上。二进进入三进起伏很少，比二进高 10 厘米左右的一级，二进大门上方挂着一块黑底大匾，上书"魁星点斗"四个大字。第三进内本应立孔子牌位和画像，现在被分成前后两部分。大殿的后半部分被居民占了成私宅，无法一睹真容；前半部分是毛泽东的白色塑像，垂手站在那里，背景也是一面白色的墙壁。第二进是洣泉书院原来的讲堂部分，抬梁木构，层高在 5 米以上，仅以槅扇门窗分割前后房间，光线非常充足，是个读书和讲学的好地方。工农革命时期，这里曾是红军第一军第一师第一团团部，毛主席曾住在大成殿西侧的厢

图 4-78 周家祠内的周南学校

房里，外一间是书房兼办公室，里面一间是卧室。书院的两侧附属建筑是学生住宿的地方，估计除了读书没有其他活动。现在这里已被辟为展厅，陈列革命文物。

图 4-79 望城·乔江书院内景

图 4-80 书院八方门及天井

图 4-81 书院内廊

图 4-82 孔子神位

牌坊

通常，把顶部盖有楼盖的一类牌坊称作"牌楼"，而把冲天柱的一类称作牌坊。不论是有楼盖的，还是有冲天柱的，从广义上都可以叫作牌坊，比较通行的说法，牌坊是由"棂星门"发展而来的。牌坊在垂直方向的受力主要由柱来承担，最少是两柱一间，通常是"一"字形布局的四柱三间，少见呈">-<"形布局的六柱三间（也可以看作是五间），极少见八脚牌楼（许国牌坊是一个皇帝特批的牌坊）。从材料来分，有木牌楼（斗三衔，叶氏牌楼，明）、石质牌楼和砖石混合牌楼，在民间牌坊中，以木质牌楼最为少见。在王其钧所著的《风格古建》一书中，将牌楼的种类分为四类：标志性牌楼、纪念性牌楼、大门式牌楼及装饰性牌楼。而在民间尤其是南方的牌楼中，纪念性牌楼占了绝大部分，其次是标志性牌楼。长沙西文庙坪"道冠古今"坊，原有一对牌楼，相对矗立在长沙府学坪前。另一座是"德配天地"坊，可惜在1938年文夕大火中与学宫同毁，现仅存一座"道冠古今"坊。大门式牌楼是与正立面院墙合为一体的一种牌楼，多为砖石混砌，在牌楼中间开大门，牌楼的上部也是半镶嵌在墙体中间，以砖石仿木斗栱，楼盖檐角上翘出墙体，兼起到门罩的作用。而仅起装饰性作用的牌坊笔者不曾见过。南方牌坊比较集中的地方是徽州，而徽州牌坊最集中的地方是棠樾，其中民间牌坊身份最高的是"慈孝里"御制牌坊，这也是笔者见过的唯一一座御制牌坊。

在湘北有一座结构比较特殊的牌坊，这座牌坊位于澧县东溪乡牌楼村，在当地叫作"余氏牌坊"，其始建于清道光九年（1829），为三间、六柱、三层、九楼式牌坊，通体用白石雕刻而成，是笔者见过的唯一一座白色牌坊，是为表彰余氏贞节而立，这也可能是选用白色石材的原因之一。除了石雕极其精美之外，整体构造亦非常独特。六柱是由两个相对的丫形构成，比普通的四柱三间坊更加稳固。倚柱石由12只瑞兽构成，每柱下两只，分别为狮、象和鳌。该牌坊属于"圣旨"级别，即由本人向朝廷提出申请，事迹由其他大臣议过认可，由皇帝出具书面的"圣旨"文书。这座余氏牌坊前后建了14年，可见其工艺之复杂。牌坊正面刻"节孝坊"三字，

图 4-83 徽州许国牌楼

图 4-84 棠樾"慈孝里"御制牌楼

图 4-85 徽州两柱单间牌楼

图 4-86 徽州明初木质叶氏贞洁牌坊

图 4-87 澧县余氏牌楼

图 4-88 澧县余氏牌楼石刻细部

右为"旌表贡生余继泰之妻余罗氏",左为"皇清道光三年廿岁次"等字样。牌楼通体刻有各类浮雕,是目前省内石刻最丰富,也最复杂的牌楼之一。

据住在牌坊对面的一户人家说,余罗氏之子在朝为官,官至文职四品,余氏只有他一个独子,是儿子出资为母亲修建的。余姓官员仅凭四品俸禄断修不起如此豪华的牌坊,此官员也并无后人在当地生活。

余氏牌坊的特点与徽派牌坊有很大的不同。徽派牌坊高宽比接近1∶1,余氏牌坊高12.7米、宽8米,高宽接近1.5∶1.0,更显瘦高。徽派牌坊中单体最大、装饰最豪华的是许国八脚牌楼,余氏牌楼为六脚,仅少两柱。从正面看是三间,其石刻水平高于许国牌楼。在这样一个偏僻的地方,孤单地立着一座艺术精品,堪称奇观,可以说比同时代的徽派牌坊都要精美。此外,余氏牌坊的石料选择也很有讲究,这是一种与汉白玉非常接近的、质地细腻的白石,通体没有杂色,石材构件之间也几乎没有色差。这种石材的产地当地人也说不清,只知道当时是用船运来的,也有当地人说是云南的石材,但无法考证。

余氏牌楼是国家重点文物,雕刻种类和手法多样,图案题材丰富,是省内牌坊建造艺术的标杆。

湘东地区,现完整保存下来的牌坊数量不多。现存的许多地名是与牌坊有关的,如桂东县东水村的刘家兄弟大屋所在地即在上牌组与下牌组之间,这里原来就是因为有一个牌坊,因而得名,但现已无存。醴陵市原有罗家祠堂,据当地村民所述,原来祠堂前也有一座牌坊,但现在祠堂和牌坊都被拆除了。

(1)醴陵·华塘村·彭氏牌楼

华塘村原属东堡乡,近年被规划为醴陵市经济开发区,华塘村的一部分为工业园区,彭氏牌坊在一条村级公路边不到10米的地方,路边房屋密集,不是村民指点,便很难发现。牌坊前后三五米的地方也是民宅,原来牌坊边有祠堂,但现在也被拆得只剩一间。

彭氏牌坊开建于清乾坤二十八年(1764),竣工于1767年,坊高7.86米,面阔6.28米,仿木结构用浅色红砂石构筑成,四柱三间三楼,整座牌坊坐落在四根纵向布置的条石基础上,四根石柱各有两块倚柱石(又名夹杆石,或靠背石),以增加整体的稳定性。彭氏牌坊的倚柱石分上中下三部分,下部有滚墩石和抱鼓,抱鼓下的滚墩石从视觉上起到承托抱鼓和防止鼓面转动的作用,"抱鼓"的上

图 4-89 澧县余氏牌楼侧立面

图 4-90 醴陵彭氏牌楼

部刻有"云水纹",夹杆石的中段,起视觉过度作用,上部,在一个挑出的石台上,立有小狮子,或滚绣球,或向上攀爬,憨态可掬。中间有文字的匾额分上中下三块,最上一层,是代表皇帝的恩泽,前后分别有"恩荣"和"圣旨"字样。这块石匾的地位很高,四周皆有龙纹,石匾的两侧各有一个头带乌纱帽的文官石刻像。在"圣旨"石匾之下,是一根雕满云水纹的"二龙戏珠"石枋,石枋之下是一块长度与中间宽度同等的石匾,内容主要是记录父母养育的功绩,有趣的是其中提到自己的胡须长六尺(真异人也!)。承托中间石匾的石枋则刻着"八仙过海"像,人物肖像面部全在,可以分辨出每一个神仙的身份,最左边是蓝采和,最右边是铁拐李。最下面一块有文字的石匾上刻有"奉直大夫彭明俊暨宜人袁氏之坊",表明这个牌坊是鼓之冕为自己的父亲彭明俊和母亲两个人立的纪念性牌坊,"奉直大夫""宜人"等称号都是皇帝因彭之冕的"政绩"追赠给他的父母的。这块匾的下方是一根雕刻有"双狮抢绣球"的图案石枋,其中心的"绣球"为镂空石雕。两侧次间的石匾上分别为"敦伦"和"乐义",匾上部的石刻为一只展翅的凤鸟,下部分别为"鹿、猴、鹊"与"文官出行"图。中间八仙石枋的背面刻着"鲤鱼跃龙门"的鱼龙图,牌坊最顶部是三楼双坡石刻屋盖,屋盖下是仿木斗栱屋脊,端头有鳌鱼状鸱吻。

图 4-92 双狮绣球石刻

图 4-93 彭石牌坊鲤鱼石刻

图 4-94 彭氏牌楼动物石刻

图 4-91 彭氏牌楼楼盖做法

图 4-95 牌坊石雕

(2) 茶陵县·秩堂乡·中宪大夫牌楼

中宪大夫牌楼与位于皇图村头的龙氏家庙很近，与龙氏家庙可以组成一个建筑群，这座牌楼也是为纪念龙氏家族中有功名的"中宪大夫"而建立的。从牌坊的石质可以看出经过多次重修，在"龙氏牌坊"石刻上可以读到"……始建于清康熙五十五年（1716），清光绪年间重修……"。其他牌坊多以石柱支撑，形制多为四柱三间，"中宪大夫坊"亦为三间，但不是普通的四根完整的石柱，代替四柱的是一个"四柱"的麻石块垒砌的石台，台上再堆砌五楼五间式牌坊主体部分，底部的三间石台，中开间内侧有石柱，但石柱不直接落地，也是立在大块麻石之上，柱上端有石质雀替，两次间为石拱券结构。最上部牌匾被白灰漆刷掉了，只能隐约看出下面的一个"命"字，上面的字很有可能是"敕"，但不能确认。石匾上、左、右为龙纹，下部为有"万"字纹石座。石匾上曾涂刷过红色涂料，皇封石碑下是"中宪大夫"匾，但也被白灰涂刷了，后两个字"大夫"可辨别出来。整座牌坊的石料用得很零碎，许多本应连贯的石柱、石枋都是用小料拼接而成的。整面牌坊的大小柱间，原有镂空雕花石屏共计42块之多，其中6块有缺损，而且看得出石质不尽相同，应是后期有过增补。牌楼中间，从下部石台以上算起，共有四层，最下一层，在两根石枋之间是一层

图 4-96 茶陵中宪大夫坊正立面

人物石刻，面部多还是保留，可辨别人物19人，人物在一个厅堂之内，厅堂里的"木构"料细部都还清晰可辨。在笔者看过的牌坊中，这座牌坊的"细节"，刻画到了"工笔"的程度，尤其是对人物形态的刻画，可以说栩栩如生。次间上的石版画也以人物为主题，但是上面两层是镂空刻花几何纹石板，下层石板内容以文人聚会和老太爷开堂审案为主题，几乎所有人物情景均在"室内"。"中宪大夫"石匾的背面是一只回首张望的麒麟，四周是云纹，呼之欲出。顶部正中脊中部是一座"天王"造型的石刻像，右腿半跪，左腿屈伸，手拖法器，赤露上身；在五个楼盖的端头原共有6个鸱吻，现末间端头缺一，仅存5个；戗角顶端原各有一只凤头装饰，现存半数左右。

图 4-97 茶陵中宪大夫坊细部

(3) 茶陵·虎踞镇·乔下村"陈氏五房宗祠"牌楼

乔下村因"陈家大屋"而闻名,"陈氏五房宗祠"牌楼现在对于"陈家大屋"而言,名不见经传。这座牌楼为四柱(另有两根门柱)三间,三楼式牌楼,通体用青黑色岩石构筑,为大门式牌楼,大门开在正中间,门框石柱比牌坊立柱略窄。所以从牌坊正面看有六根立柱,门柱上端有石雀替托住最下面的石枋。这座牌坊没有通常意义的夹杆石,牌坊立柱落在四组类似门枕石的石质基础上,石门柱也是落在门枕石上,下有四根门槛石。这座牌坊的立柱正面,距石质基础石块一人高的位置凿有100毫米×100毫米大小的方形凹槽,笔者无法确认这个位置是否是原来夹杆石的固定槽,是原来有夹杆石,后来被拿走了,还是原来就没有。若原来没有,那么这四个孔槽的作用是什么?此为疑问一。中间的额枋,横向的石匾上有阳刻的"陈氏五房宗祠"六个大字。石匾两侧分别为跟有打伞童子的文官,石匾上方的横枋承托一块"恩荣"石牌,石牌上部有"火珠",两侧为云龙。"恩荣"正下的石枋上刻的是"哪吒闹海"图,右上角哪吒手持乾坤圈追逐龙头麒麟身的"敖丙"。右侧次间花板石刻为一只凤凰与一只麒麟,下部承托的枋上刻有龙虎图案,寓意不甚明了。顶部三个楼盖均为仿木结构,中间顶部为四组仿木偷心斗栱,次间三组斗栱,顶部正脊两端各有一个鸱吻,均保存完整。整座牌楼,宽高比为1.0:1.1,比例较为均衡,制式规整。但这座牌楼,除了前面提到的夹石杆问题之外还有疑点之二,即这座牌楼在村里查不到建造年代,村中仅有"陈家大屋"的陈氏石城公家谱,并没有其他的家谱或族谱记录了这座牌坊的来历和建造年代。疑问三,"恩荣"是比较高的皇帝赐予的荣誉,在这座牌坊上却没有其他更详细的文字说明赐予的原因,而仅仅是因为五房祠堂,这不太正常。在"陈氏五房宗祠"

图 4-98 茶陵陈氏五房宗祠牌楼

图 4-99 陈氏牌楼与大门的关系

图 4-100 陈氏五房宗祠匾及四周浮雕石刻

图 4-101 牌匾石刻及牌匾

图 4-102 石刻"哪吒闹海"

牌坊后面还有一个面积很小的祠堂，进大门或牌楼后仅一个小天井，天井左边一间还有一户老人居住，天井右侧为一座两层厢房，天井后即为一间寝室，其规格与"恩荣"牌坊极不相称，而"陈氏大宗祠"就在牌坊左后不到 50 米处，全村上 80 岁的老人都不知道关于牌坊的任何有价值的信息，只知道比"陈家大屋"要"老"很多。

(4) 岳阳市·坪田村·刘来氏牌楼

刘来氏牌楼建于清光绪十四年（1888），是前清户部主事刘兆梅为旌表其母刘来氏"乐善好施"而建的，因此也被当地人称为"乐善好施坊"。其平面布置为">-<"形，这座牌楼与湘北澧县的余氏牌楼有较大的相似性，均为三间六柱，三层七楼盖。刘来氏牌坊高 12.1 米、宽 7.7 米，高宽之比与澧县余氏牌楼接近。

刘来氏牌楼通体由三种石材构成，正面最高处的竖匾为汉白玉石质，中间刻有"上谕"字样，石匾顶部为一条高浮雕盘龙，两侧为降龙，底部为波浪纹。这块石匾也许含有一些矿物杂质，局部已泛微微的红棕色。竖向石匾的背面刻有"圣旨"二字，但是石质与前面的汉白玉不同，为比较粗糙的灰白色花岗石，应该是将两块不同材质的石匾合在一处，"圣旨"石匾同样在四边雕刻了高浮雕的一条盘龙和两条降龙，底部为波浪纹。这种将"上谕"字样放在牌楼正面，"圣旨"放在反面的做法，是比较少见的。其目的有可能是认为这座牌楼的级别略高于"圣旨"级别的牌坊，也许皇帝亲自过问过这座牌楼修建的事宜，但级别又达不到"恩荣"，所以以"上谕"来体现。

牌楼的主体结构部分为花岗石石材，从上至下大体可以分为三部分。顶部为正脊及两端的鸱吻，鸱吻嘴咬正脊，背上插剑，脊中为高高竖立的宝瓶。顶层楼盖部分四角上翘，牌楼的楼盖及下面的斗栱为比较明显的仿木结构。楼盖下即为"上谕""圣旨"牌匾。

牌楼的中段是主体部分，除结构部分外主要由青石质地的字牌、人物故事组图浮雕、镂空装饰板、次间楼盖及鸱吻等一系列结构及装饰构件组成。明间的三块青石质地字牌大小接近，最上面的是"乐善好施"字牌；中部为文字说明，

图 4-103 坪田村乐善好施坊

上刻"诰封荣禄大夫刘呈规之妻赐进士出身前户部主事刘兆梅之节母诰封夫人刘母来太夫人之坊";下面的字牌记录这座牌楼的建造时间,"光绪十四年八月吉日建"。中段的两侧次间为两层六个楼盖,每个楼盖上都有一个鸱吻,但鸱吻的身体和尾部与顶盖鸱吻不同,中部楼盖的鸱吻为比较明显的鱼身鱼尾,而且背上没有插宝剑。在"乐善好施"字牌下,为一组人物浮雕,中间一位女性老者,应为刘来氏,老者乘坐在一个仙鹤的背部,左右有侍者执扇,在侍者左右又各有四个人物,这八位人物就是各持法器的"八仙",护送老夫人驾鹤西去。在中间字牌下,是另一组人物雕像,中间是一位长髯及胸的老者,头戴官帽,穿大袍,手拿如意,左右也有童子执扇,另有各色传说人物分侍左右。明间小额枋为花岗石质地,上为局部透雕的"双龙戏珠"图案,珠燃火焰,龙踏云波,非常生动,背面为"双凤朝阳"。小额枋的两端下部,各有一悬挑榫从明间柱身挑出,起到承托上部荷载的作用。

牌楼下部主要由基座、柱体、动物石雕靠背石,以及部分字牌人物青石浮雕组成。左侧次间上部为"奖"字青石字牌,字牌下刻画的是"刘、关、张三顾茅庐"的故事;右侧次间上部为"旌"字青石字牌,字牌下为"徐庶走马荐诸葛"的人物故事。牌楼下部柱身两侧共有12块靠背石,明间两柱由四只带底座的狮子组成,雄狮脚踏绣球,母狮怀抱小狮子,造型憨态可掬;次间四柱,每柱由一只石象和半边葫芦状石雕组成一组靠背石。

刘来氏坊尽管高宽比较大,但是由六柱支撑形成三开间,外形稳固,结构紧凑。人物故事及花草吉祥图案多雕刻在青石板上,坊上人物众多,初步统计有60人之多,牵涉的题材也非常广泛,而且刻画细腻,除个别人物面部有损坏外,其余大部分保存完好。有部分青石板是镶嵌在结构构件上的,这是这座牌楼的一大特色。这样既兼顾了浮雕雕刻的细腻程度,又利用花岗石石材的强度满足了结构需求,将装饰性和结构安全性完美地结合在了一起。

图 4-104 两种石材的结合

图 4-105 字牌及人物故事

图 4-106 额枋上的人物浮雕

图 4-107 乐善好施坊上部构造

图 4-108 牌楼字牌及主体部分

图 4-109 牌楼装饰构件

图 4-110 牌楼侧面结构

图 4-111 "上谕"竖匾及宝瓶

图 4-112 作为靠背石的狮子

塔

中国的塔是由印度，通过佛教传入中国的，佛教按传播方式，分为汉传佛教、藏传佛教和南传佛教。所以佛塔也各有不同，但通常都由三部分构成，即塔座、塔身和塔刹。按建筑材料区分，也可分为木塔、石塔、砖塔和金属塔等。佛塔最初的用途是盛装舍利的，后来也用于珍藏佛经及重要的法器或高僧的遗骸，并成为寺院的组成部分。最初的佛塔，位置在整座寺院的中心，但后来由于寺院空间布局的变化，其由寺中心逐渐剥离或挪移出来，寺院也由围合佛塔变为类似中国传统建筑布局的一进一进的格局。其中汉传佛教的塔最先发生演变，担任了更多与佛教无关的功能，但藏传佛教和南传佛教的佛塔从形式到功能都没有大的变化。

除了佛教用途，塔在民间主要有三个功能：一是镇妖驱邪；二是风水优化；三是提升科举。有时这三个功能会兼而有之。在湘东地区，除个别的村落集中出现过科举及第的读书人，大部分村落科举并不发达。

（1）平江·梅仙镇·哲寮村·翔霄塔

哲寮村的农田集中在一个盆地的中央，而且周边山丘有水流注入盆地，水土条件优厚，农业生产环境很好。湛氏宗祠坐南朝北，穿过盆地，可以遥见翔霄塔与宗祠相对而立。据村民湛叙才介绍，村

图 4-114 翔霄塔内部

图 4-113 哲寮村翔霄塔

图 4-115 从祠堂方向看塔

北有山，似船形，仅这一段山体地势稍低，当时村里请的风水先生认为这低矮的地段是一个"漏财"的缺口，而山又名"船形山"，有将村中财宝运走之嫌，因此要"堵"住这个缺口；同时，以塔作为一根梢竿，系住这艘船，让财富永远留在村里。从这种说法来看，翔霄塔应该是一座风水塔，但是笔者在查阅湛氏族谱时，其中有关于翔霄塔的题记，文中有以下记载："闻之华表所以捍门户，层塔即以作峰峦，后世如名传七宝胜纪凌云屹然，为一方雄峻皆所象离明助女教也。我福六公鼎迁于斯……其菁华以待发泄于后与，抑或未以人力而补乎天工与，此地由幕埠黄龙蜿蜒而来，绵亘数十余里，山水环绕势若星拱，苍翠诡状绮倌绣错，盖天钟秀与是而水口文峰未能杰然独出，则地理所缺而塔或足以补其不逮，夫事有不必传之于古而可创之于今者……建塔于水口西北船形嘴，戊山辰像七级岑锐，卓立于诸山聚处，每为夕阳所掩映，子儋不云乎：晚阴生林莽，落日犹在塔。此物此志也，顾其塔曰'翔霄'，殆欲后之科甲连登，有以高腾霄汉，羽仪王国，本理学之文章，发为名臣之经济，从容展布而翱翔自得耳，及第取科第云尔哉，然则是举也，将以仿鸿遗意而为翔扶文运之一助也……"通过此文大致可以了解到，宗族欲补水口风水之不足以发文运，所以不能以单纯的风水塔或文峰塔来定义，往往兼而有之。

翔霄塔塔高七级，位于一座垂直高差20米左右的山丘前端，花岗石石块砌筑，塔外部的砖块经过打磨，内部较粗糙，空心塔，无垂直交通通道，六面每层均有开窗，塔建于清丙子年间（1876），至今保存完整。

（2）醴陵·起元塔、财源塔

起元塔位于醴陵市郊外一处叫作马背岭的地方，据醴陵文管所肖先生介绍，塔高18.6米，但塔刹已毁，八面十一级，为醴陵第一高塔，建于清咸丰元年（1851）。起元塔的建造与风水有关，醴陵南边山体连绵，马背岭之所以"马背"为名，就是因为在此处山势凸显如马的背部，有风水大师认为这种地势会让临醴县城的风水外泄，所以应该在马背岭建一座高塔，以堵风水的缺口。但塔名"起元"，却是为了科举，醴陵从隋唐有科举制以来，直到清代从未出过状元，"起元"之意在于"唤起文运，早出状元"。塔中心有一个长方形的坑，坑深60～70厘米，疑似原有"地宫"，后被开挖。塔身石砌，底层塔壁厚度1.25米左右，向上逐渐减薄。从塔身内部观察，内壁上留有坑洞，这种坑洞的作用可能有两种。一种可能是在建造时，从内部搭脚手架，运送人员和建材，在完成建塔后拆除内部脚手架；另一种可能是塔内原有上下交通的木质楼梯，因年久失修而毁坏，后出于安全考虑而全部拆除。

财源塔在醴陵市原江东坊的位置，现在是一片私人别墅区。塔紧靠渌江边，七级八面塔身。该塔始建于乾隆年间，具体时间不详，由乡绅彭之冕捐建（为父母建彭氏牌坊之人），塔高18米，攒尖顶，属风水塔，有开财源之意。塔基3.7米，逐渐上升，由花岗石砌筑。1997年大修，现入口之门已被封死，从塔身外观可见是空心塔，在每层分界的转交处有翘角，上刻浅浮雕芭蕉叶纹，塔刹完整。翻修后有"新修财源塔记"，刻在一块汉白玉石碑上，镶嵌在已被封堵的入口处。原入口为一拱形石门，左右分别有上下对联，上联是"源来活水润桑田"，下联是"财系贤民兴国业"，上书"财源塔"三字。

图 4-116 醴陵起元塔

图 4-117 醴陵财源塔

(3) 沩山村·沩山古塔

"沩山古塔"是沩山村的风水塔，位于进村的入口处，离大路仅4.5米，在一个小土堆上，但此处是村里的水口位置。沩山村水资源丰沛，山泉水长流不息，村中有水田，但村中未见用于蓄水的水塘，可能是该村水源稳定，无旱涝之忧。此塔五级八面，外部是水泥抹面，已看不出原来的建材材质。应该是近年维修过，但无门可入。每层的转角处亦有翘角，与财源塔类似，塔刹为葫芦形宝顶，塔边不远有一处小瀑布，落差2～3米，水流流出村口，也算是村落一景。

图4-118 沩山村风水塔

图4-119 板梁村的塔

图4-120 茶亭惜字塔

二、湘东村落中的公用设备

水系

村落水系中的水处于一种流动状态，这种流动状态凭肉眼可以明显观察到。自然水系，主要指村落赖以生产和生活的河流、溪流等，这类流动的活水往往是一个村落的重要水源。最早来到这一区域的先民，在为后来者选址时，往往要看风水。风水可以玄而又玄，但水是实实在在的。在湘东地区，是以稻作农业作为主要的农业生产方式，稻作农业离不开水，而且对水的需求量比较大。平江县哲寮村的农业用地在一个接近圆形的盆地中央，从北山而来的一条溪流从盆地中央穿过，划出一个大"S"形。在稍远处的山坡上向下看，水和田构成一个巨大的太极图案，而且是天然生成的，这是关于风水的绝好注解。这类水源是自然形成的而不是人工开挖的，可遇而不可求。有许多村落，尽管没有直接的、天然的水系，但由于离水源很近，对原有的水

图 4-121 桂东村落小河

图 4-122 村落临河码头

图 4-123 中田村引水口

图 4-124 江西流坑村水口附近

图 4-125 富头村水源区域环境

图 4-126 沩山村水口环境

流走向稍加改动，即可引水进田。攸县富头村的水源是一条较大的溪流，发自山间，流经村边，而且水源地林木茂盛，自然环境极佳。溪流围绕水田而流，灌溉也很方便，当水流引入集中的耕地以后，就由将土地分块的田埂边的"水网"来完成下一步的水量分配。井水在村落中常用作饮用水，属生活用水，并不会用于灌溉。但是在某些村落中，某处井水会被赋予神奇的功效，以井水所在的地方为中心，半围合成一座井亭。这种井亭的意义与湘西侗寨的井亭不同，侗寨井亭是出于卫生需要和用水的方便，是一种纯生活用水设施，但湘东的这种井亭具有"庙"的性质，甚至供养神灵塑像，有神位。像沩山村的一处水井，井亭的柱子上有对联"观音灵广显应民安，佛法无疆世袭转替"，横批是"有求必应"。

湘东村落中用于生活给水的水量和水质，村民是比较注意的，但排水，只有大户人家的"大屋"是有设计的。普通村民如果是生活洗涤用水，基本上是以泼洒蒸发、自流为主，这也是农村环境欠佳的一个很重要的原因。

"大屋"的排水有套科学的系统，天井是主要的收集和排水场所。在天井的边沟处，都有刻成"双钱"形的排水口，其内部排水通道一般也由石板砌成，在水流流过一定距离后有沉淀杂物的大缸埋在地下，上部加盖石板，定期可以打开，请人掏出沉淀的污物。所以大屋内尽管房多、人多、用水多，但不论是生活排水，还是下大雨，从未听说有哪座大屋由于排水不畅而被淹的。而流出大屋的水，据陈志华、李秋香的《乡土民居》记载，有在大门口的地下呈半圆弧绕过再流走的设计，是出于风水考虑，但地下排水构造笔者没有亲眼所见。湘东村落还有种用水方式就是给、排水一体化，就近到溪水或河流中用水，

图 4-127 哲寮村农田灌溉水系

图 4-128 田边灌溉水系

图 4-129 浏阳西溪村盆地中的稻田和水塘

图 4-130 沩山村农田灌溉水系

图 4-131 沩山村水井

图 4-132 板梁村生活用水水系

图 4-133 古老的村落生活水系

图 4-134 常宁中田水系

图 4-135 平江村落拦水坝及汀步做法

图 4-136 贝溪乡村落水系

洗衣、洗菜、处理生活废物都在一条河里。全靠河水或溪水的自净功能，雨季时水流中泥沙俱下，卫生程度较差。攸县富头村，在清代曾沿村落的外围，在山脚与房屋之间开辟了一条排水渠。这条人工渠中，平时水量很少，只有断断续续从山坡脚下的渗水流出，集中在渠中。由于富头村地处一个山坳之中，为留出耕地，房屋往往依山脚而建，尽可能少占平地，但是一旦下大雨或者暴雨，水量集中冲下山坡，会对房屋的土坯墙或夯土墙造成破坏性的冲击，因此村民在村边山脚下挖出泄洪渠，将山洪引入村边流过的小河道中，以保护住宅。

图4-137 浏阳张坊小河拦水坝溢流口

图4-138 攸县富头村边排水渠

图4-139 平江冠军大屋门前池塘

池塘

"富"字，可以说是村落对于环境的最佳注解，"宀"像是一座半绕山峦，"一"为居所，"口"是居所前面的池塘，塘前是大片的良"田"。生活在这样环境中的人家，就是富足的家庭（见陈志华、李秋香的《乡土民居》和《村落》）。池塘是一个村落的有机组成部分，村落中的池塘绝大部分是人工开挖的，或利用自然洼地加以人工规整。但仅仅是开挖出一个坑，没有"源头活水"，塘也就不能称为池塘，因此，池塘之水既有来源，也有流向和去处，这样的池塘才是有生命的。

池塘对于村落大致有以下几个作用：

（1）蓄水防旱。湘东地区的水系较为丰富，但由于许多村落处于山地中，尽管有小溪流流过，水流却无法靠近天然的积水潭得以积存；即使有天

图 4-140 宏村·半月池

图 4-141 宏村·南湖

然水潭，也不一定就靠近生产劳动的农田或生活区域的房舍。所以还是需要人工开挖引导水流，并建构池塘，以便在降雨量不足、水流量不充分时，解决生产生活用水。

（2）风水构成。"前逢池沼，富贵之家"，家门口有水塘，当然是上风水，湘东的许多"大屋"的门外，在条件许可时，都会开挖半月塘，或是在本村的宗祠前面开挖半月塘。半月塘形似半月，为一个规整的半圆，弧形的一面朝外，而有"弦"的直边朝向房屋的正大门。半月塘的水源一般有两种：一种是和全村的引水渠相连，但一般也是处于水渠下游，半月塘的作用是"留住"全村的去水，不让水流直出村外，有"留财"的意义，是水口之上的一个重要环节；另一种水源是大屋和祠堂天井的去水，下雨时，大屋或祠堂屋面的雨水从四面屋檐流向天井，被称为"四水归堂"，然后进入天井四边的排水口并流入大屋地下的排水系统中，再由大屋的排水系统流入半月塘，风水上是"留财"的意思，让去水不"直泻无情"。大门外的水塘和大门内的天井，都具有挡"煞气"的作用。

池塘在村落风水中，还有一种作用，就是池塘与笔架山、文峰塔、文昌阁等一起构成"文教风水"，在这个组合中池塘扮演"砚台"的角色。例如，攸县富头村，在一大片田地的中央，人工挖出一个池塘，站在池塘的位置面向笔架山时，可以正对笔架山中间的山峰，这种构成有祈愿文风昌盛的作用。

（3）池塘的日常实用功能。池塘里的水是不能饮用的，村里的饮用水一般靠井水或刚出山的溪水。一般的河水，都要经过沉淀，加明矾凝絮后沉淀，才可作为生活用水。池塘在日常生活中多用于清洗刚从田土里拔出或采摘的蔬菜，另外也可养鱼种莲放鸭，在极个别的情况下比如附近的房屋起火时作为消防池取水救火。但村舍一旦起火，即使提水去救往往也是杯水车薪，依靠池塘取水救火，不如靠封火墙，以免殃及邻家。

图 4-142 茶陵大屋前的人工池塘

图 4-143 平江冬桃村池塘

道路和桥梁

（1）道路

在皖南黟县西南方，有一个村子名叫"关麓"，地处武亭山麓的西武岭脚下，而西武岭又有"西武雄关"之称，所以得名。但在当地人口中，关麓村的得名要简单得多，因为黟县人要过祁门县去安庆和江西都要从村中的"官路"而过，官路贯穿整个村庄，所以叫"关麓"。至于这两个字怎么写，村民并不深究。

与村落相关的道路，按重要性来区分，大致可以分为四等。第一等的就是前面提到的官路，有的官路只是经村而过，"所有权"并不属于村里，但村落有维护、修缮及保证过往行人人身安全的责任。湘东地区在过去的岁月中，工商业都不是很繁华，官道的宽度也不是很宽，许多官道只有一米多宽，

图 4-144 平江明、清时期官道

图 4-145 进村道路和桥梁

可供两匹牲口交错而已，但是官道上的重要路段往往铺上厚的石条或石板，以保证雨天车辆的车轮和行人不至于因泥泞而行走不便。平江毛源村便有一条这样的官道，其用麻石铺筑，建于明代，向东可至江西，向西可抵平江县城。由官家出资修建，这条全石路面的道路当时并不是穿村而过，过往人员和马匹车辆的通行并不会干扰村民的正常生活，这条道路由于时光和行人车辆的磨损，石条中部已明显向下凹陷。第二等级的道路是村中的主要交通道路，醴陵沩山村现在的进村道路由砂石铺就，路面有两米多宽，沿溪流边溯溪而上，经过一个小瀑布，边上有一个塔，即前文提到的"沩山古塔"，镇守村落水口处的风水，过了塔便算是进村了。湘东的许多村落不是完全集中在一片区域中，房屋的分布是由耕地的所在位置决定的。村以下的单位是"组"，组和组之间往来有一定的距离，连接组与组之间的道路，路面宽度与路面质量往往很接近，在村中很容易分辨，是村落中的干道。第三等道路是村中的次要道路，主要连接从村民的生活区到主产区，如从住宅到农田的道路，从住宅到山林和村旁或者村内山丘的道路。这类道路往往会用碎石或表面较平整的大块卵石（直径在 10 ～ 20 厘米的居多）铺成，只能基本保证在雨天不是很泥泞。第四等是小道，通常由住宅门口延伸出去，进入村落交通网的小路。这类道路往往因地势上下起伏弯曲，宽度在 1 ～ 2 人的宽度，相对而行者往往要侧身才能通过。这类道路的地面铺设也因"户"而异，有的"大屋"前面的进宅道路就比较考究，有的石板卵石铺筑，地势高的的房屋还有台阶，而普通的人家就是在泥地小路上铺一些碎石而已，而且还不规整，因每家每户都要有道路出入，所以总长度在村落道路中还是占有相当的比例的。

图 4-146 富头村普通道路

图 4-147 村中房屋间的石板路

图 4-148 村中普通道路

图 4-149 湖洋村穿过梯田的道路

图 4-150 穿过村中盆地的水渠与道路

图 4-151 为我指路的大爷

图 4-152 出入大屋的坡道

图 4-153 通往耕地区域的道路

图 4-154 联系房屋的小道

(2) 桥梁

湘东村落，多亲水而建，溪流、河道较多，有的穿村而过，有的傍村流淌，有的村落从大路进村，可能还要过桥，有的从村中的住宅到田里去耕种也要过桥，桥梁是湘东许多村落中不可缺少的一种公共交通设施。湘东的桥梁从结构形态上区分，可分为平桥和拱桥，平桥从材质上区分又可分为木结构平桥和石平桥，而拱桥则均为石质。平桥结构简单，建造方便，在江西有些地方也把平木桥形象地称作"板凳桥"。桥梁即作为桥面，就像长条板凳的凳面，而桥下的支撑就像板凳的腿。平木桥最大的优点：一是便于组合，可以根据溪或河的宽度自由组合，每隔3～5米便可架设一组"板凳"，可长可短，而且造价低廉；二是维修方便，哪一段损坏就修补哪一段，无须特别专业的人员，村里三五个，十几个壮劳力，一两天便可修复。但其缺点也很明显：一是安全性差，这类平桥往往两侧没有栏杆扶手，桥面很窄，大多不到1米宽，承重差，不耐久，在发大水的季节很容易被冲毁，往往每年都要维修。比木平桥稍微好一些的是石平桥，其从一定程度上克服了耐久性的问题，但施工难度大大提高。石平桥是用条石架设的，一根条石往往上千斤，在农村加工和吊装机械有限，建这种石平桥全靠人力，修筑是较费力的，同时对条石的质量要求很高，要有一定的尺度和强度，完全不能有裂纹，石质要均匀致密的花岗岩或大青石，砂砾岩是不能做石平桥的。石平桥建好后比较耐用，维护成本很低，缺点和木质平桥类似，都是安全性比较差，有时村里为节约石料，桥面做得很窄。另外，这类石平桥的跨度不大。

另一类是拱桥，拱桥基本上是石块砌筑。这类桥对设计和施工建造的技术要求都比较高，而且要有资金做后盾，石拱桥往往建在交通枢纽的位置，

图4-155 简易木桥

图4-156 村落简易木板桥

图4-157 浏阳小河上的板桥和汀步

桥上可过人员车辆，桥下可过船只。南方地区的拱桥据笔者所知有两大类，一类是以苏杭为代表的拱桥，另一类是以徽州为代表的拱桥。苏杭拱桥的特征是，桥面随桥孔的弧度发生拱曲，桥拱离水面较高，方便行船，尤其是体量较大的船只，但行人过桥比较辛苦，上下桥面要走很多级踏步，而且上下桥面都做得比较陡，车行更是非常不便。

徽州的拱桥在建造时均有所兼顾，但侧重于桥面上的行人和车辆通过时的便利性，桥面基本平直，没有大幅度的起拱。在引桥部分略有小坡，桥下若走小船问题不大，若走有桅杆的船帆，那就要降下帆并放倒桅杆方能通过。

苏杭地区由于河道水流大多比较平缓，很少有河水暴涨和山洪下泄的情况发生，而徽州水系与湖

图 4-158 沩山村石板桥

图 4-159 桥下无支撑

图 4-160 浏阳张坊山区三跨石板桥

图 4-161 与河道岩石结合的石板桥墩

南江西相仿，多山和丘陵。这类地理地貌特征的区域，河水或溪流在平时很缓和，但在春夏时节，一旦连日暴雨，河流和溪流的水位会急起，水流流速很快，对桥墩的冲击很大，在某些时候还会把上游失控的船只或其他大块的浮物冲向桥墩。因此，徽派拱桥的桥墩迎水面都有"金刚分水尖"，分水尖的作用如下：一是化解水流对桥墩的冲击；二是以"四两拨千斤"的方式挡开洪水挟带的大块漂浮物，山体滑坡时放倒的大树，有时也被洪水裹挟着冲进河道，这类树干、树根类漂浮物对桥梁的威胁是很大的；三是极端情况下，如有失控的船只高速冲向桥墩，为保护桥梁，金刚分水尖可被动地击碎船只而保证石桥不被过度撞击而垮塌。从湘东至江西，再上溯到皖南，这三地的石拱桥是同一种类型的，而源头则在徽州。理由有三：一是徽州拱桥建造更规范，不仅体现在建造技巧、美观坚固程度和用料的考究上，更体现在水文记录资料的完备方面。徽州的建桥者做了很多扎实的工作，因此，桥建成之后，历史上基本没有几毁几建的说法。一次建成后，一直使用至今，多座拱桥从明代使用至今。但出于风水的考虑，徽州的桥极少有双数桥孔的，徽州保留至今的古桥有上百座，歙县太平桥（又名寡妇桥、人皮桥）是十六孔的，另一座在唐模村，是双孔单墩的。唐模的双孔桥是有目的的，甚至是险恶的风水用心建成双孔的，但太平桥是由于桥过长（200多米），在设计与施工中出现偏差，是无奈之下建成了十六孔，是无心的错误。湘东的石拱桥却完全没有这方面的风水考虑，其从实际情况出发，根据当地的建桥材料和河流的宽度，量力而行，尽力而为，桥孔是双孔就是双孔，需要单孔就是单孔。

图 4-162 浏阳西溪村单孔石桥

图 4-163 桥墩形态

图 4-164 文昌桥金刚分水尖

图 4-165 文昌桥桥面石板

图 4-166 文昌村的桥梁

附1　醴陵渌江桥

"九个墩、十个瓮、三十六级台阶到南门",在当地人口中,说的就是醴陵渌江桥。

渌江桥始建于南宋乾道年间(1165—1173),最初为石墩木梁桥。从宋至清代7次毁于火,14次毁于水,屡毁屡建。

1924年,市民集资重修,建成为九墩十孔的石拱桥。桥南北跨向,长189.56米、宽7.84米,每拱高12米。拱跨略有不同,靠北岸的一拱拱跨为16米,靠南岸的一拱拱跨为16.2米,中间的八拱拱跨均为14米。桥面两端砌石扶栏,栏杆用条状麻石,栏板采用错位叠砌法垒成格棂状。全桥所用石料均从长沙丁字湾开采并用水路运来。

正桥两端为引桥,引桥呈斜坡状,桥面中间为阶梯式,供行人行走,两边为平铺的石板路,便于车辆通行。北岸引桥长18.2米,南岸引桥长22.5米,引桥两侧有商铺和民宅。

正桥东侧中心位置还建有一座支桥,当地人称"旁桥",连接江中的状元洲,正桥中段跨过状元洲尾。洲上于民国时期建有大桥的管理机构——桥公所,现已不存。支桥长45.35米、桥面宽4.63米,共有六拱,两拱跨于江水中,四拱落在洲上,每拱拱跨为5.65米,最高一拱6米,余次递减。

正桥西侧面中心位置镶刻着由近代著名政治家、思想家、社会改革家康有为于乙丑年(1925)所书"渌江桥"三个大字;正桥中部桥墩靠近江面的位置刻有"南社"著名诗人、湖湘学派大家付熊湘所书碑记,碑文为:"醴陵渌江桥,以民国七年三月毁于兵燹,十三年二月经始重造,十四年九月竣工。决渊累趾,建墩承梁,酾水为十道,材皆斫石为之,长五十七丈,广二丈四尺,翼以扶栏。作旁桥通状元洲,置公园,图书馆,用银元逾二十万,募诸施者。邑人付熊湘记。"

渌江桥自建桥至今已有八百余年的历史,这期间旋毁旋建达20余次,直到今天,渌江桥仍以其所处的独特地理位置而不失为南北两岸的交通要津。渌江桥迄今仍是湖南省内保存最好,跨度最大的石拱桥。

图4-167 醴陵渌江桥全景

图 4-168 渌江桥桥墩及金刚分水尖

图 4-169 渌江桥引桥部分

图 4-170 桥墩水线上的民国题记

图 4-171 从水面仰望桥体

第四章 湘东村落建筑类型

附2 新安桥

新安桥旁有石刻说明如下：新安桥位于浏阳市社港镇新安村，始建于明成化十年（1474），东西走向，石木结构，长19米、宽4.5米，由石拱桥和木构桥廊两部分组成。拱桥为红砂岩条石砌筑，桥廊由29根木柱榫卯结构支撑，木构架用斗栱，工艺独特，做法古朴，造型别致。新安桥屡经修葺，保存完好，2006年5月被公布为省级文物保护单位，编号为432300125。

图 4-172 新安廊桥全貌

图 4-173 新安廊桥引桥部分

图 4-174 廊桥与环境

图 4-175 新安廊桥斗栱及梁端云头

图 4-176 新安廊桥屋架挑栱

图 4-177 廊桥轴向视角

图 4-178 新安廊桥挑檐木构局部

晒谷场（坪）

"晒谷场"是湘东部分地区对普通房屋或大屋前的坪的通常叫法。个别房屋集中的村落，如湘东北的张古英村、湘东南的板梁村，在村落的主要入口前，都有大片的坪。"坪"与"广场"有时非常接近，但两者之间有本质的区别。湖南大学柳肃教授在讲解中国传统文化与建筑时提到，汉族居民建筑体系中是没有广场的，广场的发源是欧洲的城市出于社交、政治、宗教集会等目的而产生的，而在中国汉族聚居的乡村地域中，没有类似的精神诉求，而且上层社会也是明确反对民众聚会的，聚众则有谋反的嫌疑。因此，这些面积或大或小，位置不论在宅前，大屋的前面或是围墙、院内，还是在宗祠前面的平整区域，大多是出于生产、生活、交通的需要而设置的。汉族甚至没有集体歌舞的习惯，因此，不论面积大小，还是在村中的位置如何，都只有"坪"，而没有"广场"。"坪"在农作物收获的季节，发挥其最主要的使用功能。湘东的夏秋季节，除非长时间不下雨，大部分时间还是闷热多雨和潮湿的，尤其是"双抢"时期。湘东地区的稻作，大部分是一年两季。夏收时期，刚收上来的稻谷还很潮湿，若不及时晾晒干燥，堆放在一起，很容易发霉发芽，农民会利用一切平地，有时甚至占用乡村边的公路路肩晒谷。夏收和秋收时，湘东村落家家户户都会利用自家的坪，或村里比较集中的大坪来晒谷，故而有些地方也把"坪"叫作"晒谷坪"。但坪也不仅仅晒谷，其他收获的农作物或在山里采收的山货、药材或自家做的烫白菜、红薯干、豆角都在坪里面晒干，晒干的食物或者半晒干后腌制的食物就更容易保存。过去的坪多用砖墁，也有用碎石板铺或是在夯土坪上铺卵石的。由于近年来农村使用水泥渐渐普及，越来越多的宅前晒谷坪被铺成混凝土地面，这种水泥坪容易清理，农作物在晾晒和收集时也很少有杂物掺入，而过去的砖坪或卵石坪，要在上面垫一层粗篾编的竹席，在竹席上晒谷，操作起来还是没有水泥坪方便。

图 4-179 大屋前的坪

图 4-180 桂东大屋前的坪

图 4-181 攸县民国建筑前的坪

图 4-182 拼花小坪

图 4-183 平江大屋堆坝造坪

图 4-184 民居晒谷坪

图 4-185 民居晒谷坪

图 4-186 潼塘村民居晒谷坪

图 4-187 汸山村民居晒谷坪

105

墓葬

在 20 世纪 70 年代，长沙发掘出两座全国闻名的大墓，一座是汉长沙丞相利苍家族中的辛追墓，墓室保存完好，出土文物丰富，尤其是辛追湿尸的防腐堪称一绝。这座大墓方口方底，呈覆斗形，用木炭、白膏泥密封防潮，内有椁板、套棺等。另一座是河西的长沙王陵，位置在象鼻山顶部，同样方口方底，有一条墓道直达墓底，以天子规格埋葬。这是湖南省内等级最高的汉墓，棺椁四周以"黄肠题凑"封闭椁室，而"黄肠题凑"在汉以后几乎绝迹。

湖南地区的传统丧葬形式以土葬最为通行，湘东的广大农村地区至今仍保留着土葬的风俗。

生老病死是自然规律，老年人并不避讳为自己安排后事，在到达一定年岁之后，会为自己准备棺木，也称"寿材"。刚做好的棺材是原木的，并不上漆，放在通风、阴凉的地方等 1～2 年，等木材中的水分散去，木材干透，然后每年上一道漆。这种漆过去是纯植物漆，也叫大漆或生漆，脱水后呈黑色，因此，越是长寿的老人，寿材上的漆就越厚，有时

图 4-188 大屋里的棺材

图 4-189 汉长沙王墓坑

图 4-190 汉长沙王墓道

生漆可以上到一寸多厚。寿材一般不会放在自己家里，通常是放在村里的祠堂中。徽州有这样的传统，至今还可以看到。在赣西的某些地方是放在充公的"大屋"里，而湘东的大屋与赣西的大屋从形制上来说是基本一致的。新中国成立后，这些"大屋"基本上都充公了，大屋里面也同样是存放寿材的地方。湘东地区的墓葬，除非是重要的始迁祖或有着非同寻常地位的人物，否则不能在村落里面安葬。这里的"村"指的是农田区和生活区，也就是耕地和住宅区，过世乡民只能埋在村外，这和北方地区习惯在耕地中间建坟墓有很大的不同。平江毛源村始祖毛以的墓建于明代，墓很简朴，却得到尊享，埋在村里，让村民时时得见，不忘先祖，不忘血脉的传承与来源。攸县富头村谭荣雅的坟墓也埋在村里，谭荣雅并不是始迁祖，但谭荣雅有11个儿子，不仅他自己是进士，有功名，11个儿子，三文、七武、一监生，个个有功名，湘东地区也只此一家。因此，他的墓可以建在村里，成为一种特别优待，也成为当地村民的一种集体荣耀。

湘东地区的墓葬地点分为集中与分散两种。集镇上的居民，多半已无自己的土地，有也只是耕地，是不允许在其中建墓的，因此只能集中在某一块区域内下葬。另一种是分散下葬，村落中的乡民过世后，一般在村外的山坡上，以坟墓面朝东南方向为佳，更宽泛一些的条件，只要向阳亦可。过去，只有所谓的大户人家的主要男性长者过世后，才找风水先生选择"阴宅"。"阴宅"的风水位置与"阳宅"的位置和朝向等具有同样的重要性，同样要看来龙

图 4-191 富头村谭荣雅（清）墓

图 4-192 平江毛氏始迁祖墓

图 4-193 山中的普通墓葬

图 4-194 江西合葬墓

山脉、沙手形态、水流走势、望口朝向等因素。"阴宅"位置的好坏,在风水上的意义主要是作用于后辈。其目的有两个:一是本门这支人丁兴旺,子孙满堂;二是期盼后辈能够登科及第,仕途发达。

在一些重要的先人下葬之后,某些家族的族谱中会有详细的文字或图画,记录墓葬的地理位置以及逝者的排辈、生卒年月等信息,如有功名或在族中地位较高,那么还会有墓志,以记录死者的生平。

湘东墓葬的地面结构不复杂,一般是一座半球形土堆,在土堆前开一个半月形的缺口,缺口前是竖立的墓碑。正中竖向刻有死者的姓名,右为生卒年月,左为立碑者,主要是后代的姓名。有少量的墓碑比较特殊,逝者姓名横向书写,如毛源始祖"毛以"的墓刻碑文。而寺院高僧过世后,通常为瓮葬,墓上有石塔,这也是一种比较特殊的墓葬形式,如浏阳石霜寺前楚圆和尚的坟墓。

有些村落会为本村所有的逝者建立一个总的灵堂,叫作"水庙"。水是"阴"的代名词,水庙就是"阴"庙,水庙的作用是慰藉亡灵、超度往生,也可以让村里的亲人随时祭拜。水庙一般会建在村外,但不会离村太远。

本章从一个侧面,归纳了湘东村落中所包含的建筑类型及其主要特征,并介绍了湘东村落中主要的公共设施,以及在非私有土地上的与乡民生产、生活有关的场所,如"坪"和"墓葬"等,以构建一个湘东村落的整体印象。

图 4-195 浏阳宝盖寺墓葬

图 4-196 楚图墓

图 4-197 墓庐

图 4-198 哲寮村水庙

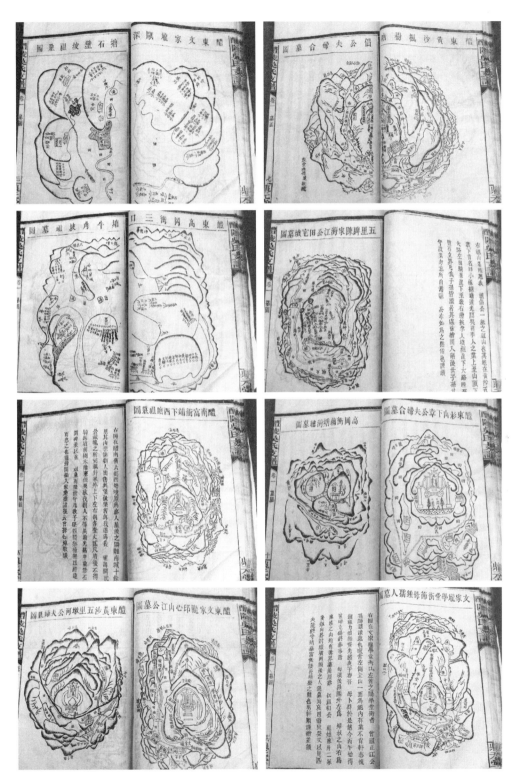

图 4-199 族谱墓葬记录

伍

第五章　湘东民居的建筑构成

一、主要平面形式

湘东地域，气候潮湿，冬春雨量较多，而夏秋干热，对于土木结构的房屋保存是一个不小的挑战。容易损坏的房屋部位，一是屋顶，二是墙基。屋顶如在冬季遇到冻雨后结冰，对小青瓦的损害较大，如果雨水再浸入檩条，容易使屋面结构受损。长时间雨水沾湿墙基，如果外墙为夯土或土坯砖，对整座房屋的威胁也非常大。因此，湘东地区目前保留下来的传统居民，主要可以分为两个等级：一种是略低等的中型民宅。这类宅子，一般有两进，石库门、青砖墙体，占地面积一般在100平方米左右，或略多于100平方米，这类民居相对数量较多。另一种就是所谓的"大屋"。"大屋"一般有三进，屋前多半有坪，功能划分齐全。在"大屋"中，也有一些"超级大屋"，有的是"三进两天井"，有的是四进。中轴线两侧有跨院，跨院外还有成排的下房，从大屋正面看横向长度很长，有的近100米宽。大门外有面积较大的坪，坪前有半月塘。整体建筑构成一个群落，并有围墙。这些大屋的位置，在风水上是经过慎重选址的，如桂东"聚龙居"、茶陵"陈家大屋"、平江"冠军大屋"等。这些大屋共同的平面特征是严格的中轴对称，不仅作为居住功能的民居有对称性，村落中的主要宗族公共建筑——祠堂，更是严格地遵守中轴对称的原则，书院的主体建构部分亦是如此。

中型民宅

湘东地区的中型民宅，多建于清中晚期，少量建于民国时期，平面形态类似于四合院，通常3～5开间构成第一进。中间是大门所在的位置，中间墙体向内退进一定的距离，形成一个凹口，也被称为"吞口"。大门与退入的墙体相平，宽度约为中间宽度的1/3，大门门框通常以石质居多，也有部分为木质，大门与退入的墙体大致位于"金柱"的位置，但是由于大部分湘东民居由墙体承重，第一进不论是三开间，还是五开间，檩条大部分是直接搁上墙头顶

图5-1 茶陵县城内中型民居

端的，但开间的宽度并不一定是完全相同的，中间开间的宽度往往大于次间和末间。当门厅上部所有的檩条不一定能完全承托住屋面的荷载时，通常会在大门的后面加两根"后金柱"或"后檐柱"以起到加强承受上部荷载的作用。所以尽管大门通常是在两根"金柱"之间的位置，但并不是所有的门厅内都有"金柱"。第一进大门两侧次间的门朝向内侧，而采光的窗户开在外墙上。

进入门厅以后的空间过道由三部分组成，有两种变化形态：一种是进大门后直接走直通的过道，中间过道将天井分为左右两个。厢房前面有廊檐，厢房的前后两端墙体分别接到第一进内廊檐的位置和后一进房屋的廊檐。另一种过渡空间的布局则更加完备，进大门后面对一个完整的大天井，交通流线是进门后过门厅，再向左侧或右侧的门厅廊檐下，转入厢房前的廊檐下，再到下一进房檐下。这样走

图 5-2 茶陵县城单层两进民居

图 5-3 茶陵县城两层两进的中型民居

图 5-4 大门凹陷的"吞口"

虽然路线稍长，但天井完整，视觉效率较好。苏、皖民居的天井，甚至张谷英村、板梁村的天井由于受土地资源的限制，天井往往尺度不大，许多天井只见一线天光。而湘东地区的民居，由于土地资源相对宽松，天井也可以做得四四方方，呈现一个开放和完整的空间形态。湘东村落中的房屋密度一般不大，历史上，湘东的村落人口一直没有过度膨胀过，因此宅基地并不是特别紧张，除非在山地建屋，没有必要过度压缩天井所占的空间和面积。穿过天井之后，就是第二进房屋，对于中型住宅来说也是最后一进。一般第一进有几开间，第二进也是几开间，正对大门的是上厅，门厅通常也被称为下厅。上厅是一个住宅单元的核心，湘东民居的上厅一年四季都是开敞的。厅的前面靠两边一些的位置有"金柱"，道理和门厅中的有"后金柱"是一样的，位置会稍错开次间卧室的门，以方便人员进出卧室。上厅后墙正中是"天地君亲师"的牌位，牌位前有案几，案几前是八仙桌，两侧有椅。条件稍好的人家，会把房子建得略高一些，这样可以隔出上下两层，上层的层高很低，有时不足 2 米，以存放粮食和杂物为主。这样，下面的主要生活空间就会显得更加宽敞整洁。

在中型住宅中还有一些备用空间，位置在厢房两端的墙体与前后两进各自朝向天井这一面的墙体形成的"夹弄"。湘东的住宅，多靠山脚而建，前后的空间少，而向两侧发展的可能性大。有时一户人家，在经济宽裕或子孙分家后，又有建房的需求，新房和旧宅会毗邻而建。这时两家走动，不一定从这一家的前门出再从另一家的大门进，而是直接从这一家的"夹弄"通到另一家的厅里，"夹弄"在新建时是不与外面相通的。还有一种情况就是没有横向交通的需求，这时，"夹弄"就成了一个"死胡同"，那么为了充分利用这部分空间，屋主就会把体积大，但不是随时要用的东西，如储备的柴火，一年只用两次的稻谷脱穗机、风箱等农机放在"夹弄"里。另外，如果外面有盗贼在此处挖墙，放些农具和柴火也可以起到防盗和预警的作用。

图 5-5 夹弄

图 5-6 浏阳中型民居内的照壁与天井

大型民宅

湘东大型民宅应具备以下条件。①三进两天井或两进两天井带有跨院。②有附属用房。③房屋前面应有完整的坪。④主体建筑由青砖砌筑而非土坯砖或夯土建筑。其中"三进两天井"是基本条件，决定于始建时期的规格，其他三项条件可能在以后的岁月中逐渐被损毁和改造。

平江县梅仙镇哲寮村，保存较为完整的明清时期的建筑，包括祠堂，共有10多座。在湘东地区，能够在同一座村落中保存如此数量的"大屋"的村落很少。乾坤四十二年（己亥年）恩科乡试第一十三名，该村的湛启云考中了举人，这在乡里是一件大事，他家大门外的坪前至今还有五组旗杆石，在坪前的道路两侧，还各有一组旗杆石，不包括倒在地上的，共有7组（14块）。哲寮村湛启云的大屋名"塘㙍屋"，是标准的"三进两天井"大屋，大门开在向内凹进的正立面中间，大青石质的"石库门"门前有一对"抱鼓石"，大门上部为石质门枋，两侧门框柱下部门槛石，在门柱内侧两边各有一块石质"雀替"承托上部的石梁枋，以减少上部石条及上部墙体重量向下产生的剪应力。大门的石质与旗杆石同为接近黑色的大青石，进大门即为门厅，中间开敞，明显比两侧的次间要宽大，但次间现仅存左侧（面对天井而言），右侧的次间及天井右侧的厢房已被拆除，在原地基础上起了新屋。天井为横向长方形，宽4米，长6～7米，天井侧边厢房，从外观看仅一门一窗，厢房有上下两层，但上层明显矮小，不可能住人，估计是堆放杂物的阁楼。第二进比第一进门厅高20厘米左右，在晴天时，也可直接从大门穿过天井至二进明间，因此从天井上二进中厅前，垫了一级台阶，台阶为一整条20厘米厚的麻石。中厅横向长度与天井的宽度等同，进深也是三进中跨度最大的，在中厅后半部"檐柱"（注）的位置立有四根木桩，柱顶承托檐下撑条，柱上部有两根枋横穿，枋间有宽大的板壁。四根木柱将中厅明间又隔成"三开间"，同样是中间略宽而次间略窄。现两次间木质门槛尚存，从中间两木柱下的柱础内侧开槽可以判断，中间原来应该有构件存在，现仅存石质地栿。这个位置有两种交通流向可能：一种是在中间两柱中间原为太师壁，太师壁前有条几和八仙桌，中厅作为主要的对外活动空间，人行从太师壁两侧的门通过。这种布局类似于徽州的厅

图 5-7 三进深的桂东刘氏兄弟大屋

堂，只是尺度均有所放大，不似徽州厅堂那么局促。另一种可能就是两侧的次间是木质隔板封闭的，但视线可从木栏透过，两侧各装一扇固定的雕花透光槅扇窗，而中间开门。这样也可以起到美化空间的作用，但又不使视线从中厅显得太"直白"地穿入下一层空间。

二进、三进之间也是天井及左右两侧厢房，形态与一、二进之间的厢房类似，但由于二进、三进之间的天井比一进、二进之间的天井更窄一些，因此，厢房的尺度也相应地减小。厢房侧墙与上厅两侧卧室外墙之间，在檐下形成"夹弄"过道，这与湘东其他中型住宅的主体形式是相同的。第三进又比第二进高出20厘米左右，房屋的地基也达到最高，因第三进房屋层高较高，因此，上厅除明间外，次间卧室上部又可以架空出一层阁楼。上厅从进深上比中厅略小，但比门厅又要更深一些，介于两者之间。正中是"天地君亲师"牌位，左右对联分别是："敬宗尊祖存忠厚""朴俭克勤守家风"，牌位两侧还有一对小对联，"豫章湛氏一脉先祖""宇宙治世三教福神"。

"举人屋"房和厅的地面是三合土夯土地面，雨天不潮湿，热天不起尘，天井内的沟槽内及房屋边缘、檐下全部铺有大块的花岗石麻石条，整体显得坚固完整。厅比较大而卧室次间偏小，这种比例关系应该有房主人自己的考虑，屋架上有雕花，但不张扬，中规中矩，又不落俗套。

图5-8 浏阳李家大屋的二层回廊和封火墙

图 5-9 江西邱家大屋

图 5-10 江西周家大屋

图 5-11 衡阳陆家新屋

图 5-12 板梁村大屋

图 5-13 桂东沙田老宅

图 5-14 浏阳锦绶堂院落空间

图 5-15 举人屋内部空间

图 5-16 浏阳六栋堂的中轴柱网与屋架

超级大屋

还有一类大屋，由于房屋的主人在当地有非常高的社会地位和经济实力，因此建成的大屋，不论是占地面积、房屋的规格，还是建造质量在当地均属上乘，尤其是占地面积可达数千平方米。

（1）平江冠军大屋

平江县平安村"冠军大屋"建于清乾隆三十六年（1771），占地3000多平方米，中轴线上有四进三天井，出资建造者为国子监学生，名叫李冠军。

"冠军大屋"由院门一组房屋，半月塘、屋前大坪、主体建筑及主体建筑两侧的附属用房几部分构成。从院门的一组房屋判断，这组建筑群在半月塘的外围应该还有一组院墙，否则院门就没有意义。进入院门即可见半月塘，使人眼前一亮，颇有"天光云影共徘徊"的意境。房前的大坪由大块凿平的麻石铺成，半月塘的边沿也由麻石块垒砌而成，外场部分显得大气而整洁。正房的大门八字开，门口有抱鼓石，门外八字摆放上马石。从大门口向内依次望去，视线可直达最后一层祖厅，在中轴线上分别是大门、门厅、天井、下厅、天井、中厅、天井和上厅，直到上厅后墙正中的"天地君亲师"牌位。在中轴线两侧分别是每一进两侧的次间、梢间、末间，厢房分列天井两侧。在两列厢房的外侧还各有一列带天井的跨院，跨院的厅朝向中轴线，跨院的厅后墙开门，再进入最外侧的下房。冠军大屋内的房间，前三进房屋的上下均为一层加一个分隔出的阁楼，而最后一进层高也最高，为完整的上下两层。冠军大屋目前保存比较完好的是中轴线及两侧的主体建筑部分，下房及跨院由于年久失修，已有部分垮塌。在建成后的两百多年间，内部空间也有所改造或分割。在大屋内部，有时想分清方向都有些困难，以

图 5-17 陈家大屋

一人之力几乎无法进行比较准确的测绘。此外，由于冠军大屋早已分给许多户人家在内生活，因此，并不是所有区域都是开放状态，这进一步加大了测绘的难度。因此，笔者所测绘的冠军大屋平面只能是"中轴线示意图"，详细的测绘工作只能留待以后再进行。

注：因中厅前部，面朝大门的一侧并没有檐柱，6～7米的跨度由一根梁枋独立承托上部荷载而无须檐柱，这根梁枋两端架在次间内侧靠厅的墙体上端，由此判断，中厅后半部檐口位置也无须檐柱。

图5-18 平江冠军大屋

图 5-19 贝溪聚龙居

图 5-20 大石板屋场入口

图 5-21 大石板屋场内部空间

图 5-22 大石板屋场过亭

（2）浏阳锦绶堂

锦绶堂位于大围山深处，大宅严格地中轴对称，坐北朝南，后靠山丘，面朝大溪。四周有围墙包围，围墙东南和西南角呈圆弧形，两侧和后部为直线、直角形，围墙内占地 4000 多平方米，共有房屋 100 多间。外院门所在即为悬山屋顶三开间青砖房，整座建筑为砖木结构、悬山屋顶为主。院门两侧外墙略呈"八"字形，具有一定的官式建筑的大门特征。原屋主人姓涂，是浏阳大围山中最大的地主。按当地人的说法，这里的山是他家的、地是他家的，包括道路桥梁都是他家的。涂家本无科举功名，但由于涂家老祖母涂刘氏年轻守寡直至终老，光绪年间被朝廷表彰，早逝的亡夫亦被追加"五品封典奉政大夫"，这也许就是这座民宅可以具有官式规格的原因。

图 5-23 锦绶堂外院大门

进入院门，迎面是一方横向的、开敞的院落，中间过道直通第一进大门，院落两侧各有一个八角门，可通东西两侧别院。大屋正立面为五开间，向内可见纵深三进，分别是大门、下厅、天井、中厅和上厅。与其他三进大屋有所不同的是，下、中、上三厅的地坪面几乎处在同一标高，地面并没有层层抬高，但是三进房屋的净空高度是逐级递增的。在第一进下厅与中厅之间是一处横向的天井，从此处天井向左右两侧观望，可见完全通透的一条横向轴线，左右对称的分别是边厅、小天井、过亭、过堂与跨院正厅，再向两侧就是东西花园。整座建筑就是由这两条相互垂直的空间轴线紧凑地组合为一个整体，极具韵律感。在中厅的正脊枋下部，可以看到朱漆烫金的几个大字：光绪廿三年十二月十八丑时建。

图 5-24 外院局部

图 5-25 从花园看山墙立面

与其他湘东地区大屋不同的是，从构造上看，锦绶堂的主体建筑为上下两层，上层不像其他大屋

图 5-26 屋檐构造

的二层仅用作储物，低矮而阴暗，而是实实在在的可以居住的生活空间，底层层高 3 米左右，二层层高也接近 3 米，二层厅外围栏高 1 米，和徽州屯溪的元末明初建筑程氏三宅非常类似。这种上下两层的居住方式在明代以后的江南民居中已经少见，明代的上下两层楼房是以上层为主，下层为辅；到了清代，上层空间渐渐成为储物空间，而下层作为主要的生活空间。就居住的舒适程度而言，上层的通风采光要优于底层，而且避开了地面的潮气，但缺点是夏冬季节的隔热保温性较差。但是，像锦绶堂这样的大户人家，春秋上阁，可临风览月；夏冬下楼，可观花赏雪，屋主人选择处所的余地很大，生活质量也大为提高。在中轴线的两侧还有两条平行空间，这部分区域以过厅、过堂、书房及外侧的花园为主，构成了更具生活气息和人文情调的场所，空间的过渡关系非常分明，从室内到厅堂、从厅堂到天井、再从天井到院落，在整体的严密性中体现了灵活和亲切的韵味。尤其是过亭上方的屋顶，为四坡屋顶，正脊端头和四个檐角，高高翘起，如同守望大屋的天使。我们从房屋的后山山坡上可以看到大屋屋顶的全貌，左右两侧的过亭屋顶尤其醒目，在一色的青瓦悬山中升起了两座歇山亭盖，檐角活泼向上，别具一格。

锦绶堂的另一个特征，就是彩绘艺术。整个湘东地区，不乏"大屋"，即使在浏阳当地，还有桃树湾刘家大屋、新开村沈家大屋等，就占地规模而言可能还要超过锦绶堂，但是锦绶堂的彩绘装饰、面积之广、水准之高，在浏阳是独树一帜的。

锦绶堂的四周有围墙包围，但是为土坯砖砌，高度仅 3 米左右，外刷黄色泥浆涂料，并不显眼，院门外也不见抱鼓石等显示门第的装饰构件。在院墙外的一处角落，随意堆放着一对高度不

图 5-27 书房外景

图 5-28 楼上的厅及围栏

图 5-29 跨院局部

图 5-30 细纹卵石拼花天井

过60～70厘米的残破石狮，我们不能确定这对石狮原来的位置是否在锦绶堂石库大门两侧。但是，进入大门以后，不仅是面前的院落宽敞明亮，而且院墙内侧靠近顶端的部分也布满了各色字画。尽管100多年过去了，有些墙面表皮部分被水渍而模糊甚至开始剥落，但保留下来的是绝大部分，而且图案和文字的色泽依然鲜艳。这可能与当时所选用的性质相对稳定的矿物颜料有关，现代的化工颜料是无法保存这么长时间的。

在下厅大门外是东西向的檐廊，挑檐由四根方形石质檐柱承托，在檐柱与砖墙间有四块以装饰性为主的雕花板，呈如意形，花纹细致生动。而真正的彩绘装饰高潮出现在了过厅、过亭和跨院的堂屋等建筑的天花和藻井上，题材从"太白醉酒"到"苏武牧羊"，从"八仙过海"到"福禄寿星"，从花鸟虫鱼到诗词文章，从具象图案到抽象线条，无所不有。从画面旁边的题记中可以读到当时的画师是仿照哪位大家的作品，都记录得清清楚楚，画师很诚实地说明作品的来历。这些绘画和诗词作品均显示了很高的艺术水准，线条疏密有致，色彩和明暗关系恰到好处。在一处天花的中央，绘有一条黑白相间的喷水蛟龙，龙身从大海的波涛中一跃而出，仿佛可以感觉到滂沱大雨将会从天而降；而另一处藻井则更具人文气息，中央部分是一朵上色木雕覆瓣莲花，从莲花层层向外，构成一个八边形立体覆钵罩，在藻井外边缘的四周围绕着狮子狗和四季瓜果，生活气息非常浓郁。锦绶堂内不仅各类建筑构建上充斥着各色书画彩绘，墙面外窗也有别具匠心的处理，大屋东西两侧靠近花园的二层外窗窗框做成了卷轴的式样，两扇窗户高低相错，似一幅自然展开的卷轴，而"卷轴"四周又加上了彩绘和浅浮雕灰塑，极具立体感。这类"卷轴"题材也出现在室内的部分装饰性木雕板上，雕版架设在檐柱与墙体之间，同时具有结构稳定的作用。类似的装饰手

图 5-31 通透的横向轴线

法在内外空间的转化上,形成了相互呼应的艺术效果。

锦绶堂的建造者只是湘东地区偏远一隅的地主,并不像官僚士绅曾经为官一方,也不像晋徽商贾见多识广。但是,从建筑格局和建造手法来看,锦绶堂不亚于某些官式建筑,其空间布局疏密有致,阴阳变化自然合理。从装饰手法来看,表现了极高的文化素养和艺术水准,一改我们以前对湘东传统民居的认知惯性,认为湘东传统民居重空间而轻装饰,重实用而轻细节的看法。

图 5-32 彩绘装饰的过亭

图 5-33 檐下的彩绘及垂花柱

图 5-34 诗画彩绘烫金木刻板

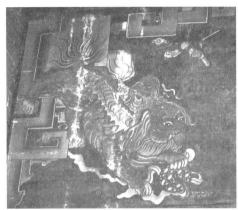
图 5-35 匾额背衬彩绘局部

图 5-36 卷棚彩绘天花

图 5-37 天花上的母狮

图 5-38 从后山俯瞰锦绶堂

附　普通民宅的基本形态

在笔者走访的湘东村落和集镇上，几乎没有找到民国以前的普通民居了，所以无法列入传统民居的调查和研究范围，但是这类最普通的民居在历史上应该是大量存在的，现在只能从20世纪六七十年代的民居，最晚至20世纪80年代初的民居形态来了解和推测民国以前的普通民居形态。

首先要从"最基本的形态"了解，最基本的形态为长方形房屋，分三间，中间向内凹入，形成"吞口"，平吞口内墙开大门，大门在中间中段，大门宽度占吞口面宽1/3左右，入大门口就是一个完整的厅，厅中后墙是"天地君亲师"牌位，或是毛主席像，厅的左右两侧各均分出前后两间房间。这样，一厅四室就构成了最基本的平面形态。在此基础上进行衍生和变化的平面形态，笔者数过的就有20余种"变体"：第一种，由一层加高，变成两层或变成一层加一层阁楼。第二种，在左边或是右边加建一间。这时，房屋正立面就成为四开间，而大门不在中间，也有左右同时加建一间，变成五开间房屋。第三种，在左、右各加一间披屋。第四种，左、右或左右同时加横屋。第五种，在房后三间各加拖步作为附属用房。这五种主要变化方式经过排列组合，可以变化出数量极大的"变体"。屋主人可以根据自己的经济条件、场地情况、家庭人口变化情况自由组合，因地制宜地修建生活用房。尽管这种普通民居由于建造时代离现在不远而无法作为"普通传统民居"的直接证据，但可以从一个侧面反映湘东人民的传统建房习惯和方式。

祠堂平面：湘东祠堂的平面布局，除个别的分祠以外，基本是三进两天井式，或是这一基本布局的变体，也就是天井有时被中路过道（上有屋盖）一分为二，成为左右两个小天井。这种方式在民居大屋中也非常常见，浏阳谭嗣同故居内就有这样的天井过道，过道上有屋檐和过亭。祠堂第一进是大门所在的门厅；二进是拜殿，也叫享堂；三进是寝殿又叫寝室，第三进的中间的厅是供奉祖先牌位的地方，两侧的次间分别是"左昭右穆"。祠堂平面与同为三进两天井的宅第平面，从格局上来说，没有本质的区别。江西流坑村，有83座"祠堂"。除董氏大祠堂外，现存的其他祠堂中，许多是祠堂—住宅、住宅—祠堂多次变换的，其实是同一所房子。湘东地区，由于没有这样的经济实力，所以大部分是全村同姓宗族共用一座总祠，各房各支很少建分祠，因此在布局上会有所调整。一是尽可能地扩大厅的面积，如果是三开间，就尽量让中部明间的跨度加大。而第二进，有时不保留厢房而以厢廊代替，即使保留厢房，也尽可能地缩小厢房的体量和面积，而寝殿建造于"台明"之上，同时加高第三进的层

图 5-39　普通民居 1

高。这些做法在三进两天井的住宅中有，但是高差没有如此明显，其目的就是要刻意抬高祖先在乡民心目中的地位，进一步增强宗族凝聚力。在宗祠中，除了正面大门作为进出的通道外，还有一对旁门，这对旁门一般开在拜殿的左右两侧，拜殿或是祀厅是祠堂中处理事物、判断是非的地方，甚至可以私设刑堂。这对侧门就起到一种仪式性的作用，将犯人从一个侧旁门押送进来（有罪推论，人犯不可走正面大门进出），审完之后从另一侧旁门押出去，完成一轮审讯。

宗祠除了主要的三进二天井的主体建筑外，有时还有附属建筑。主要是大祭时期吃流水席，要有配套的厨房，并作为平时存放桌椅板凳和碗筷的地方，这部分的区域可大可小。平江的湛氏祠堂，主体本身只有两进，面积不是很大，配套的厨房部分等紧邻祠堂，面积几乎与祠堂面积相当，也算是一个特例。

图 5-40 普通民居 2

图 5-41 谭嗣同故居内的过亭

图 5-42 加高的寝殿

图 5-43 祠堂边的厨房

湘东民居主要平面示意图分类

1. 中型住宅平面示意图

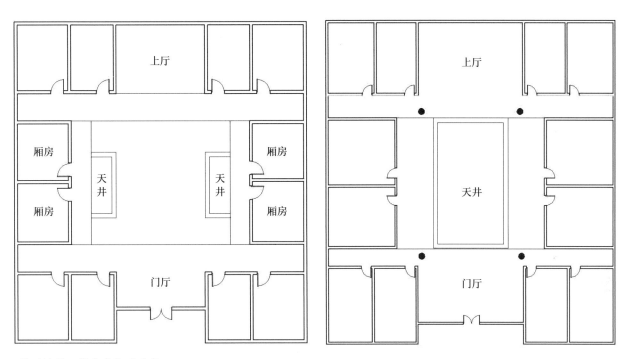

建于清代，现住户为毛秀春

图 5-44 平江县虹桥镇毛源村毛秀春家

图 5-45 平江县虹桥镇毛源村毛春光家

建于清早期,是毛源村最老的一间房,现住户为毛敬军

图 5-46 平江县虹桥镇毛源村毛敬军家

图 5-47 平江县虹桥镇毛源村毛项祝家

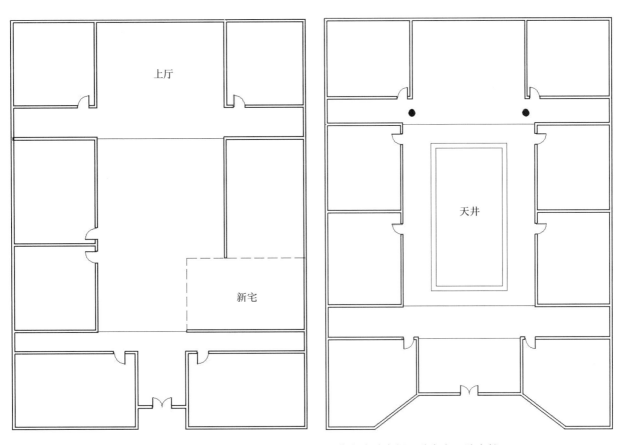

现住户为陈富根、陈永安、陈蜜楼

图 5-48 平江县虹桥镇毛源村毛诚、毛祥林家　　图 5-49 平江县虹桥镇大坪村黄土嘴陈富根等家

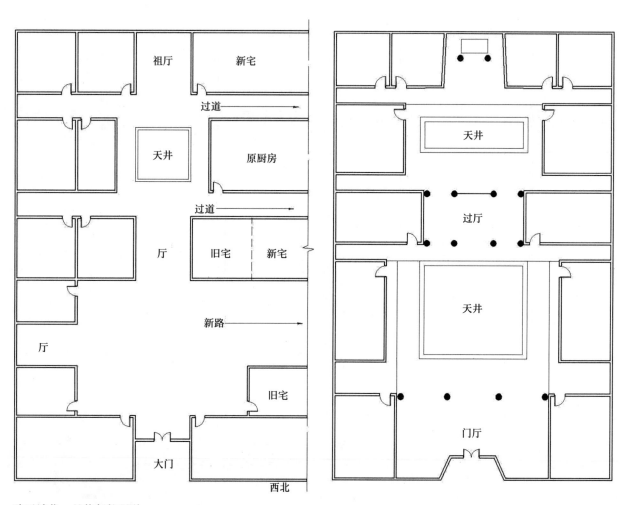

建于清代，具体年份不详。

图 5-50 平江县哲寮村湛叙才屋（路边）　　　图 5-51 平江县哲寮村明末至清早期大屋

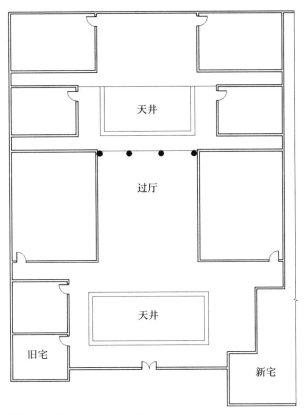

图 5-52 平江县哲寮村举人屋塘墘屋

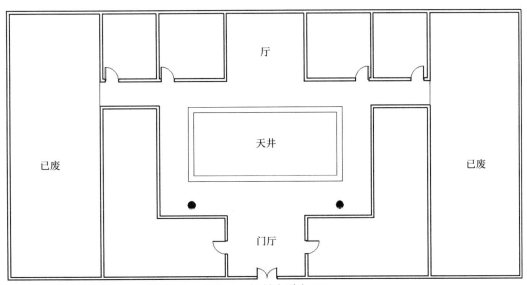

平江县冬塔乡东源村五里房附近的一处老屋,据村人说有 300 余年历史,是冬塔乡最老的民居,方形柱础,有木垫,方木柱

图 5-53 平江县冬塔乡东源村五里房

2. 大型住宅平面示意图

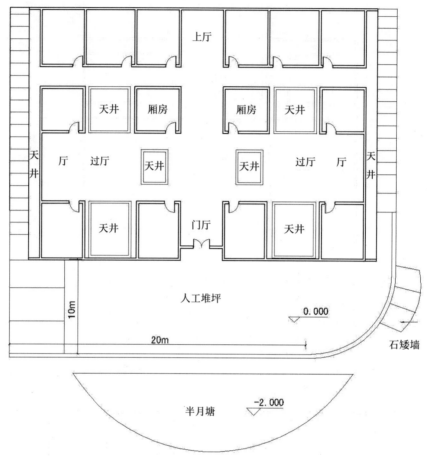

房屋已建成 150 余年,建房者曾惠谦,最后一代屋主曾振、曾异民

图 5-54 平江县冬塔乡下湾组

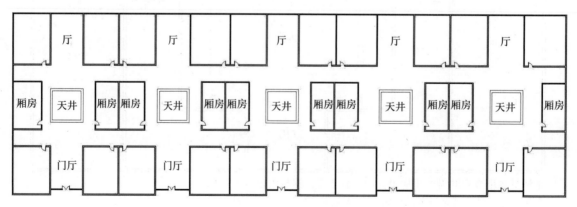

图 5-55 平江县冬塔乡东源村五里房父辈给五个儿子同时修建

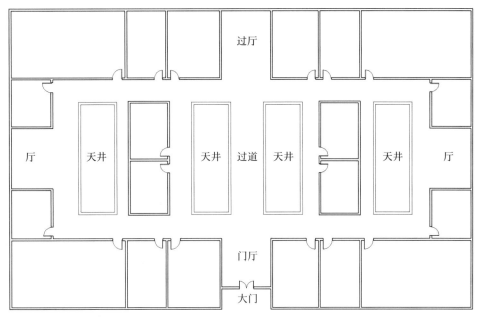

建于清道光七年温度计，有匾"春晖奉母"

图 5-56 平江县冬塔乡黄桥村（叶姓）同心祖梧桐塝

曹家红、曹家坪口述：建房者王左财，为王瘦访的祖父，房屋建于清代，庚申年第二次修葺。后部已塌落，原为王左财居住

图 5-57 平江县冬塔乡小坪村老宅

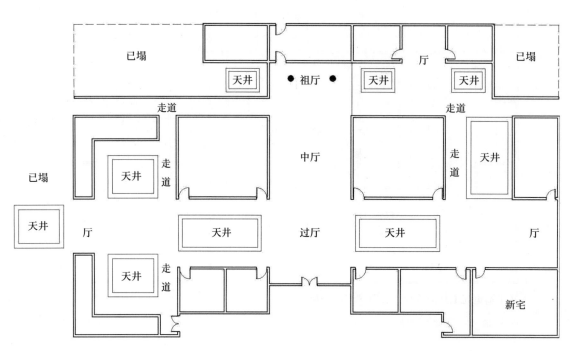

图 5-58 平江县童市镇烟舟村大石板屋场（启明女校）

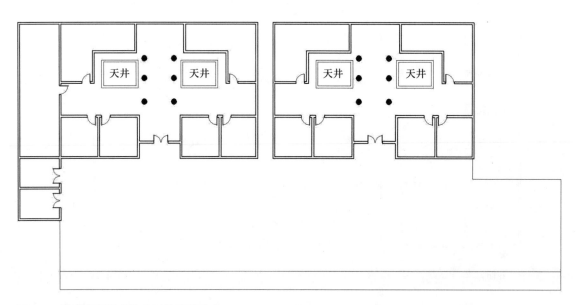

图 5-59 湖南省郴州市桂东县沙田镇老宅

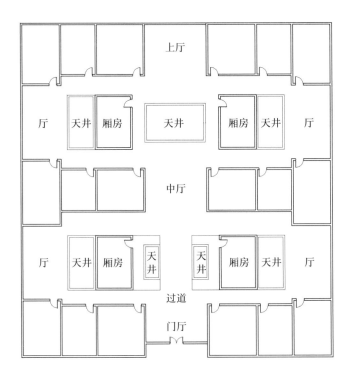
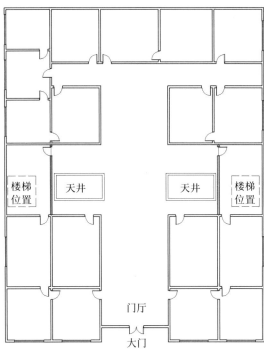

原建筑带跨院，现住户毛天球

建筑共两进，后一进一脊翻两堂，过厅两侧设天井，两层房前有人工水塘

图 5-60 平江县虹桥镇毛源村"天老屋"

图 5-61 茶陵严塘镇湾里村茶陵县苏维埃政府旧址

3. 超级大屋平面示意图

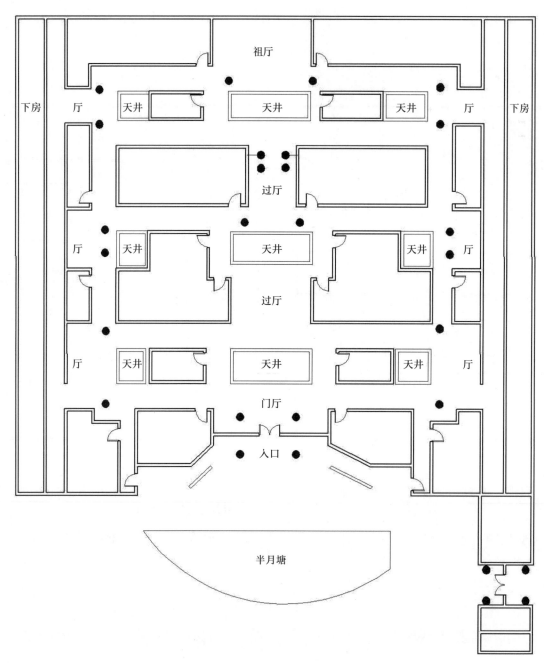

图 5-62 平江县虹桥镇平安村冠军大屋

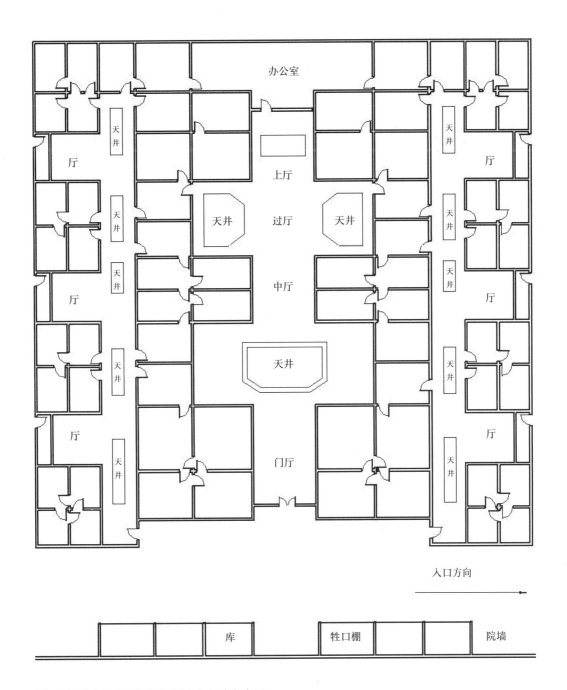

图 5-63 茶陵县虎踞镇桥下村岭上组陈家大屋

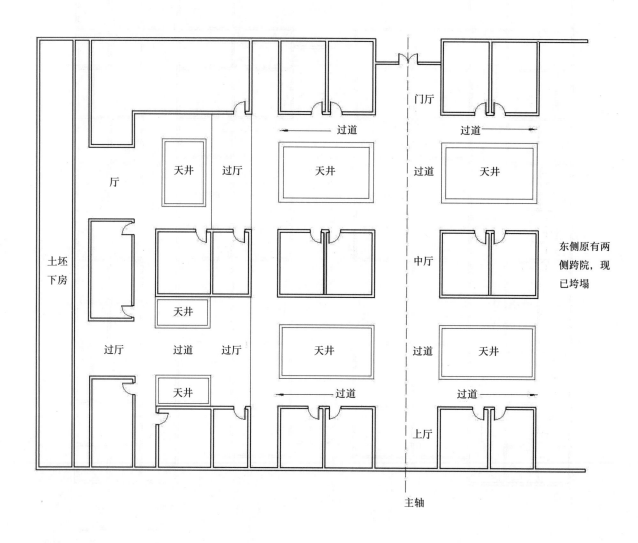

建于嘉广二十二年,有匾"善继石林"。屋主(建造者)为叶善林,现住户叶愚兴

图 5-64 平江县冬塔乡黄泥湾叶家大屋

4. 其他相关地域民居平面示意图

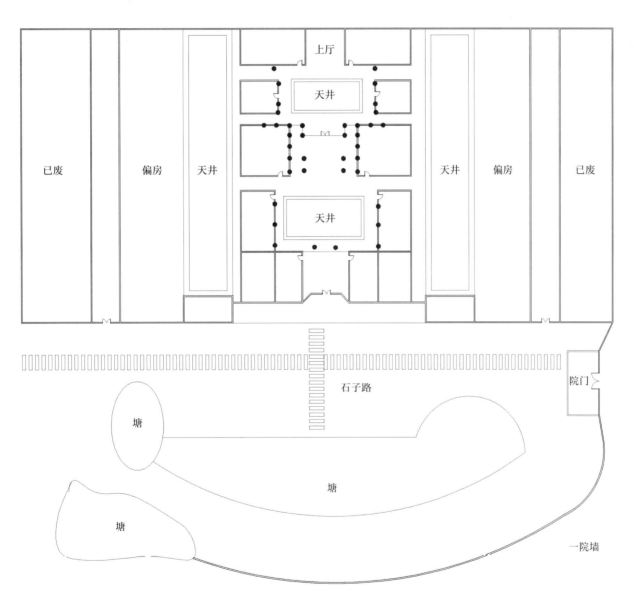

图 5-65 江西省铜鼓县排埠镇黄溪村邱家大屋

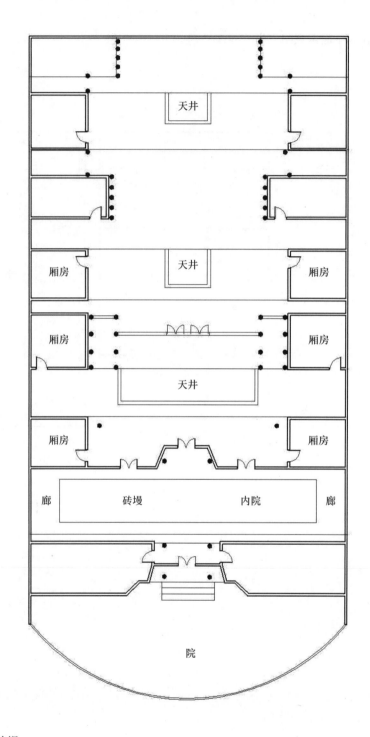

两侧跨院均已废弃或垮塌

图 5-66 江西省万载株潭镇株山村周家濂溪堂

二、主要立面形式

湘东传统建筑的外立面，主要有正立面，即大门所在的立面，其左、右侧立面是对称的，后立面是次要立面，起围合作用。对于某些大屋，由于是一个建筑群的组合，大屋的正立面可以由主体建筑正立面单独构成，也可以与附属建筑的侧立面一起构成，尤其是中轴线两侧如果有跨院，由跨院建筑的山墙侧立面会成为集群建筑正立面的有机组合部分。这类组合式的大屋立面形式，从赣西至湘中、湘南均有普遍的存在。

平江的"冠军大屋"正立面由五部分组成，中段是横向摆布的大屋主体，外观为三开间，大门在中间。横向主体的两侧可见跨院的山墙部分，跨院的厅开口面向中轴线，与主体部分的朝向呈90°角，因此跨院部分的山墙成了大屋正立面的一部分，左右对称分布，在跨院的外侧与跨院建筑平行建造的是下房部分，下房的长度与中轴等长，隔成十几间小房间，主要用于雇工、下人居住，也用于存放农具等。最端头的下房山墙也成了大屋正立面的一部分，同样是左右对称分布。

茶陵虎踞镇陈家大屋的正立面亦是如此，正立面由五段构成，有主有次，只是在主体横屋和侧边跨院之间有纵向过道及天井。因此跨院的侧立面山墙略有变化，在纵横立面之间有一部分过渡空间，而且每一段都略向前突出，形成独立入口，因此可以避免下人或货物从正中间大门出入，交通流线的考虑更加细致。

湘东大屋的另一种正立面处理方式是"三段式"，之所以采用"三段式"，是考虑到正立面横向长度达到几十米，甚至接近百米，三开间、五开

图 5-67 赣西大屋外立面

图 5-68 平江明末清初老宅现状

图 5-69 平江黄泥湾叶家大屋主入口立面

图 5-70 平江民居外立面

间根本无法划分外部的间数。这些建于清代的老宅可能是为了避免"僭越"规制,而被迫分段处理。另一种现实的考虑应该是避免地基不均匀沉降对结构的影响,如果结构连续分布,容易导致墙体开裂,并进一步影响结构的稳定性。从人口变化考虑,到日后儿孙分家时,尽管有主次长幼之分,但也不至于太偏颇,产权容易划分,争议较少。"三段式"划分也有主次之分,中间一段最高大,也是横向长度最长的,两边各有一段,中段房屋长度占主体面宽的30%～80%。两边的每一段都有独立的大门,只是大门不在这一段的正中,而在靠近中间主体房屋的一侧。左右两段,以中轴为中心对称,如有下房,则下房山墙也在正立面,长度沿中轴通长。这类大屋的正面三段相互独立,内部空间也是横向一进一进排列而不是面向中轴转90°的跨院天井和厅,内部空间秩序与广州陈家祠堂类似。桂东普乐乡刘氏兄弟大屋也是类似的格局,只是横向三段正面两侧没有垂直纵向的下屋,桂东周江村何氏老宅、普乐乡老宅、平江童市镇的大石板屋场,原建筑也是这种三段式正立面,只可惜大石板右半段已被拆除,建立新的砖瓦瓷砖贴面房屋,现仅剩中段和左边两段了。

除了正立面,另一个重要的立面是侧立面。湘东传统建筑的侧立面按形态划分,大致有三种:一是人字形山墙,人字形山墙又可分为悬山和硬山两种,硬山的端头,有的做得略为起翘,尤其在靠近

图 5-71 茶陵县民国时期两层民居

图 5-72 浏阳李家大屋正立面

图 5-73 桂东普乐老宅

图 5-74 桂东周江何氏老宅外立面

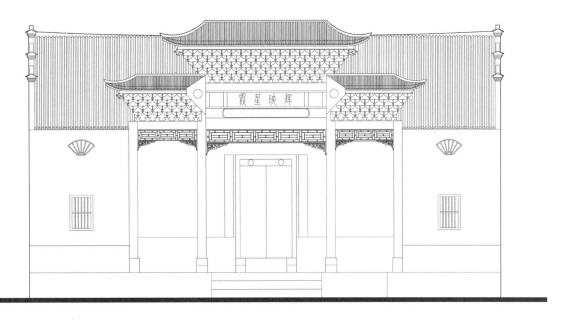

图 5-75 茶陵秩堂乡皇图村龙氏家庙

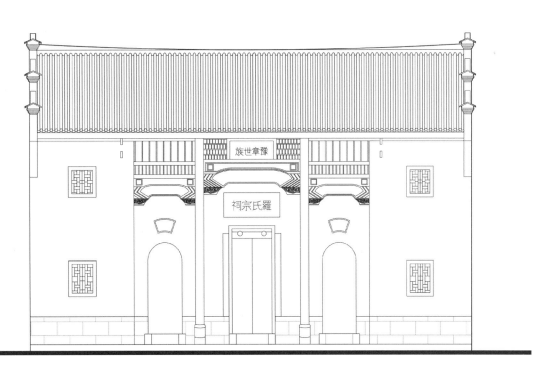

图 5-76 桂东普乐乡罗氏宗祠

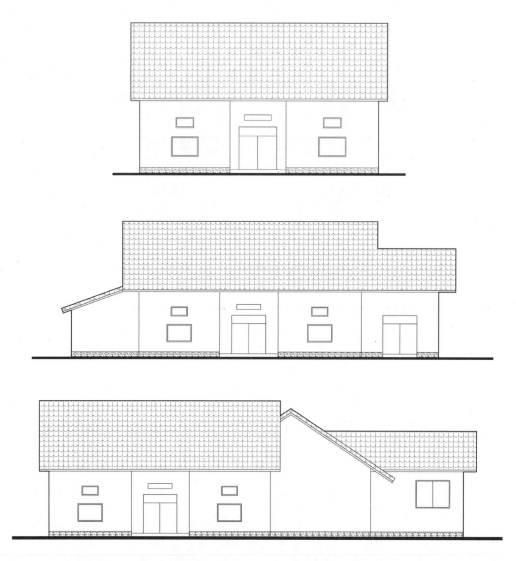

图 5-77 湘东民居基本立面演变形式

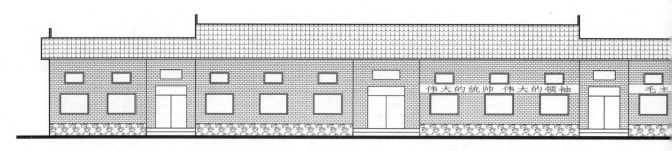

图 5-78 湖南省郴州市桂东县东水村上下牌组刘干、刘祯大屋

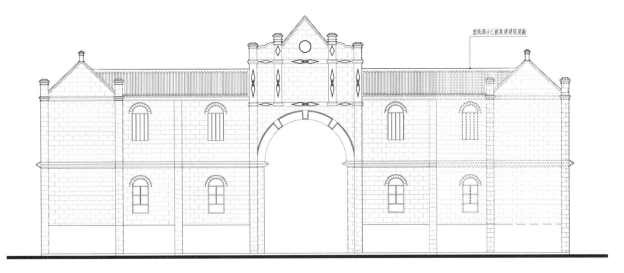

图 5-79 攸县广黄村洋屋

图 5-80 湖南省郴州市桂东县贝溪乡聚龙居正立面

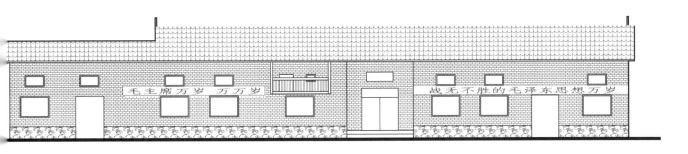

第五章 湘东民居的建筑构成

正立面的一端；二是马头山墙；三是弓形山墙，弓形山墙也有两种，一是单弓山墙，二是湖南独有的"双弓"山墙，又名"猫弓背"。

人字形山墙是三类山墙中比较简单的做法，形态随坡屋顶的走势建构。这类山墙做法常出现在"大屋"的结构中，原因是"大屋"具有相对的独立性，周围没有或少有靠得较近的邻家房屋，因此对火灾侵害他人房舍的防范要求较低。

马头山墙具有实用性，也有很强的装饰性，顶部平直的马头墙接近徽派的做法，而带有略向下弧线的马头墙则与湘中马头墙形态更接近，下弯弓形山墙，在湘东地区有出现，但所占的比例不多。这类山墙特色明显，具有一定的观赏性。

图 5-81 人字形山墙

图 5-82 猫弓背

图 5-83 板梁村民居山墙

图 5-84 茶陵谭氏家庙侧立面

图 5-85 衡阳陆家新屋山墙

图 5-86 醴陵民居马头封火墙

图 5-87 徽派马头墙

图 5-88 文昌村祠堂弓形山墙

图 5-89 江西民居侧立面

图 5-90 江西流坑家祠侧立面

图 5-91 江西马头墙

三、堂屋

在湘东农村地区普通建筑中，厅和堂没有严格的区分，正规的名称叫作"厅"。"大屋有下厅、中厅、上厅"，对于许多普通住宅而言，只有一个厅，通常的称谓就是"堂屋"。大屋的"厅"担负着不同的功能，门厅或下厅通常是大门所在的位置，担负一个由外而内的过渡。通过入口的等级，大门的形态可以大致了解这户人家的经济和社会地位。中厅是一座房屋最实用的部分，中厅不一定是装饰和用材等级最高的，但往往是实用面积最大的空间，同时是房屋的交通枢纽，采光、通风等条件也是最好的。上厅是整座房屋中最有地位的空间，是一座房屋的精神核心之所在。祠堂的上厅部分就是寝殿，是全村甚至附近同源血缘的宗族灵魂之所在。

普通的堂屋则集中了以上所有的功能，只是各部分功能不得不相互谦让而弱化。湘东与湖南其他地区的气候条件是非常接近的，与毗邻的江西，乃至皖南山区的气候条件也非常接近。尽管该地区冬季多雨而阴冷，夏秋炙热，但是，只要家里有人，白天是大门敞开的，进入大门，整个堂屋一览无余。堂屋处于一座房屋的正中间，不论是三间、五间还是多少开间（开间为单数），堂屋都处于中心位置。堂屋左右次间通常是卧间，即使将卧室的门打开，白天卧室的主要采光和通风都要依赖开敞的大门。堂屋担负起了一个家庭将近一半的使用功能，汉族没有在堂屋睡觉和做饭的习惯，堂屋是起居室、会客厅、孩子们的娱乐场所，也是一日三餐的所在地。每逢过年过节，红白喜事的筹备工作，冬至、清明祭祀先祖，也都在堂屋里面进行。堂屋的正中，正对大门的墙上，均有醒目的"天地君亲师"牌位，不论这个家庭社会地位高低、经济能力强弱，也不论郡望何处，从赣西到湘东，从湘东北至湘东南，几乎家家户户均有这种牌位。以红底金字居多，最简单的，就是写在一张红纸上，贴在墙体上。考究一点的会做一个木龛，将木牌刷红漆底，供在龛内。"天地君（国）亲师"是儒家伦理等级思想的集中体现，"天地"就是天道，是人的精神导向的"统治者"，而且"君"权天授，家"国"一体；"亲"为人伦，而在人伦中，则长幼有序，"三纲五常"，晚辈无条件服从长辈；排在末位的是"师"，"师"

图 5-92 大屋的堂屋形态

图 5-93 炎陵民居堂屋

在一个人一生中接触的时间最短，而且作为个体，具有不确定性，但与"天地君亲"排在一起，可见"师"在中国人心目中的地位。"一日为师，终身为父。"湘东农村，许多人一生并没有受过多少教育，有些老年人甚至一生都不曾进过学堂，不曾受过师恩，却保持了对文化的景仰，对"传道授业解惑者"的尊敬。

图 5-94 醴陵普通民居堂屋

图 5-95 平江民居堂屋

四、厢房

厢房不论在南方还是北方，都是与天井或院落共生的。因此，只有大屋或家境稍殷实的人家，在三合院、四合院的基础上才有厢房。在大屋或较简单的三、四合院中，厢房的地位要低于有厅的正房。在正房中，厅两侧的次间或末间一般作为卧室使用。在一座"大屋"中，这些厅的两侧住的往往是家中的长辈或地位较高的家庭成员，比如户主这一辈分的，若房间较宽裕则是家中的长子居住，或主要的男性晚辈也可以居住。厢房作为居住房屋要次一等，若是相对的小户人家，则正房卧室住长辈，晚辈住厢房；而大户人家，厢房或是留给家中地位或辈分较低但有需要相对独立和需要私密空间的成员居住，或存放家中一些相对比较重要物品作为储物空间使用。厢房不仅出现在住宅这种空间形制中，也出现在祠堂中，但祠堂中的厢房相对于祠堂的整体功能而言，重要性要弱于厢房作为居住和储物功能在大屋或四合院中的地位。在祠堂中，厢房的作用有两个：一是存放祠堂中的祭祀用品；二是起到过渡和对称的视觉作用，具有一定的仪式感。对于有些祠堂而言，厢房可有可无，因此，也有些祠堂取消了厢房而以厢廊代替，减少储物空间，增加交通空间。湘东地区清明时节多雨，大祭时祠堂里人流量又比较大，以廊代替厢房，在雨天是比较有利于人们在

图 5-96 平江毛源村大屋厢房

图 5-97 平江大屋内的厢房

图 5-98 围合天井的厢房

图 5-99 平江祠堂内的厢房

祠堂内的行走的，也可以同时容纳更多的乡民。

相比徽州民居和湘东北的张谷英村民居，湘东的传统住宅是具有一定的空间占有度的，即使在住宅较为密集的村中，也具有一定的独立性，并不完全和周围的住宅紧贴在一起，甚至共用围墙等，房屋与房屋之间基本保持一点间距。湘东民居相对宽敞的用地空间造就了相对次要空间，如天井和厢房的尺度也比较宽裕，房屋的一层，通风和采光条件比较好。

在湘东"大屋"这类建筑组合中，厢房的后墙面是不会超出横向正房两端的山墙纵向连线范围的，如果"大屋"没有平行于中轴的跨院，则厢房的后墙与横向正房的两端山墙一起完成对整座大屋两侧边的围合。若是有跨院，一般湘东"大屋"的横向交通是从正房的廊檐下，正厅旁的卧室外墙面与厢房的山墙形成有"夹弄"，通过"夹弄"进入侧面的跨院。跨院又可以形成一种相对独立的空间，有别厅及卧室，别厅前有天井，而天井的一边、别厅的正对面就是厢房的后墙，厢房后墙与天井形成一个类似于"照壁天井"的组合空间，这也是湘东大屋的特色之一。

图 5-100 正房、夹弄与厢房

图 5-101 厢房后墙围合的天井

图 5-102 炎陵桥头江家内院

五、辅助用房

辅助用房是指除厅、卧室、书房、厢房等,为生产、生活服务的用房,如厨房、茶房、轿厅,存储物品的杂房、粮仓,下人居住的房屋,牲畜棚等杂房。在湘东地区,有两类房屋拥有比较明显的辅助用房:一类是最普通的住宅,前文提到的主体平面为长方形三开间,中间为堂屋,两边次间为前后分割的卧室,构成"四室一厅"。由于过去湘东烧饭多用灶台,以柴草为燃料,因此,厨房不方便设在正房内,于是就会有前文提到的,在正房两侧及后面加"拖步"或各类低矮的加建房屋作为厨房,这样油烟不会进入堂屋和卧室。这些附属在正房边上的辅助用房往往不是随着正房一起建造的,而是在经济条件允许的时候,逐步加建的,因此在建材的用料上可以加以区分。除了在正房外加建厨房外,也会在离正房稍远一点,在自家的房前屋后陆续加建牲口棚、猪圈、鸡舍等,农村卫生条件较差,通常会把厕所和猪圈建在一起。如果宅基地实在紧张,也有在正房后面隔一段不到2米距离的小院,在小院的后面建厕所和猪圈的。小户人家养猪多是为了解决自家的肉食供应问题,一般不对外出卖。农村中等收入人家,家境稍稍宽裕的人家,会在正房边上搭建辅助用房。如果家境殷实,能建造四合院这样级别的房屋,厢房或第一进除门厅外,其他的房屋就充当了厨房或杂物储存用房,这些人家不会在四合院内养猪或鸡鸭。另一类是"大屋",附属于大屋的辅助用房在建房之前就随大屋一起整体规划设计好了。在建造时是随正房、跨院、前坪、院墙等一并施工建造,成为大屋完整的有机组成部分,绝大部分的"辅助用房"(或称"下房"),都在大屋的两侧。茶陵陈家大屋除两侧有下房以外,在大门的正对,前坪的另一边,面向大屋的位置,还有七间下房,这在湘东地区是比较少见的。大屋的下房除了可以在大屋内部通过横向交通——夹弄——进出外,还可以从大屋两侧的侧门直接进入下房前的类似天井的狭长空间,从这里可以进出每

图 5-103 陈家大屋院前的附属用房

一间下房。尽管是辅助用房，房前也有类似天井的空间，这部分空间同样有通风和采光的作用。其地面是用麻石砌筑的，地面以下有完备的排水系统，平时排出生活污水；在雨天，同样具有排出屋内雨水的功效，排水效率应该和大屋的正房天井排水效率是同样的，保证在暴雨时不能在大屋内形成内涝。大屋的下房基本是面朝大屋的中轴线方向开窗，朝向外面的墙面尽量不开或少开窗，或仅在高处开小窗，用于有限的通风采光，这样做的目的主要是出于安全考虑。下房的外墙往往要起围合整个大屋的作用。大屋的下房一般开间尺度均等，左右对称，房屋间数从十几到几十个不等，建材多为土坯或夯土，但也有部分夯土墙基部分掺有大量卵石，以起到加固和防潮的作用。但是，下房的建材和建造质量要远逊于正房的建造质量，因此，一座大屋的颓废和垮塌往往先从下房开始。

湘东宅第之中的开放性空间有天井和内院两种，天井与内院的区别，从功能上区分，天井有明确的汇积与排出建筑内部雨水和生活用水的功能。天井不论大小，建筑等级的高低，多由石材建筑而成，个别的天井由砖石混合构造。内院则没有明确的排水走向，内院地面的铺设也有各种不同的材质，有卵石、砖墁、石条、石块、砂土结合夯制等等，但天井的做法则相对单一。

图 5-104 平江大屋的附属用房

图 5-105 已废弃的大屋附属用房　　图 5-106 黄泥湾叶家大屋附属用房

图 5-107 醴陵刘家大屋后部的附属用房　　图 5-108 江西大屋两侧的附属用房

图 5-109 桂东普乐老宅的附属用房

六、天井

对于大门或院外的空间而言，天井属于建筑物的内部空间；而相对于建筑物内部的厅堂和其他房间而言，天井是全开敞的，属于室外空间。天井对于有多进的湘东大屋而言，能起到层层递进的过渡作用，同时又对不同功能和等级的横向正房起到空间划分的作用。每一个厅堂和每一组厢房，都有各自所围合的天井，所以对于建筑内部的单体而言，天井又起到了空间凝聚的作用。对于传统建筑室内空间优劣的比较，一直有较大的争议。有人认为中国传统建筑由于过分强调对称性而空间略显呆板，卧室或厢房的空间内部光线阴暗。但是天井对这些空间上的不足起到了整体上的调整作用。如果把传统建筑的外部称为"阳"，则建筑内部即为"阴"；如果建筑物内部的房间为"阴"，则天井为"阳"，所以天井起到了阴阳交融平衡的作用。

湘东大屋内的天井有许多变化的形态，其最基本的作用是分隔横向的两进正屋，即为"进"与"进"之间的过渡空间。一般门厅与中厅之间的天井面积要大于中厅与上厅之间的天井，这类天井基本呈现一种横向的长方形。若场地面积小，进深就小一些，那么长宽之比就较大；若宅第内部面积宽裕，那么长宽之比就小一些，天井就更接近于一个正方形。湘东地区由于雨水天气频繁，同时夏季晴热高温天气也比较持续，因此，宅内行走讲究"雨大不湿鞋，晴天不晒太阳"。在本该有天井的位置，有时被"过亭"所分隔，一个完整的长方形天井被"过亭"的走道分隔成了左右两边各有一个小天井的布局，浏阳谭嗣同故居内就有这样的过亭和小天井。这种上有屋盖的开敞式走道——过亭与小天井的平面形式

在湘东地区的大屋及祠堂中是很常见的。天井的另一个功能就是房屋的排水，天井是房屋地面以上最主要的排水设施，平时生活用水也从天井排入地面以下的排水渠道。湘东天井的形态非常丰富，一种天井四边有沟，中央部分有凸起的平台，平台有的

图 5-110 全凹陷天井

图 5-111 八边形凹陷天井

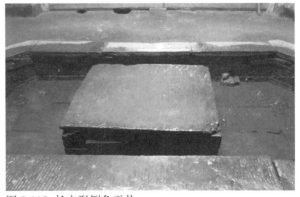

图 5-112 长方形倒角天井

与边缘的高度相同，有的比边沟的高度略低，也有的天井，完全是一个凹陷的长方形坑，没有中央的一块台地。这种完全凹陷的天井在湘东也是很常见的，主要出现在跨院或附属用房前，但也有的出现在主屋厅堂之间，所以这种全凹陷天井的级别不一定就比中间有平台的天井低。另一种天井的边沟不是四边围合中央平台，而是只有三边围合，天井在与下厅衔接的这一边没有排水沟，或是天井与上厅之间的衔接，在靠近上厅的一边没有排水沟。这种三边排水的天井若出现在跨院，则是靠近照壁（或厢房后墙）的一边没有排水沟。这种情况的出现可能是出于交通的需求，或是出于地下排水系统走向的设计要求。由于地下的排水系统很少能有机会一睹"真容"，因此到底是地下系统跟随地表排水系统走，或是相反的情况，笔者目前还无从考证。在陈志华、李秋香所著的多部关于民居类的著作中都提到了天井地下排水系统的做法，如《乡土民居》、《住宅》（上、下册）等中都有提及，关于天井在风水学上的意义也多见于陈志华和李秋香的这些著述中，这里不再一一复述。

图 5-113 承接雨水的天井

图 5-114 四边排水沟天井

图 5-115 三边排水一边半凹陷

图 5-116 大屋内天井

图 5-117 大屋中三边排水天井

图 5-118 大屋内全凹陷天井

图 5-119 赣西大屋天井

图 5-120 浏阳大屋砖砌卵石拼花面天井

图 5-121 浏阳大屋内带花台的天井

图 5-122 祠堂内三边排水天井

图 5-123 龙氏家庙内的天井

图 5-124 附属用房天井

图 5-125 附属用房连续天井

图 5-126 寝殿前的天井

图 5-127 苏维埃旧址内天井

图 5-128 浏阳大屋天井

图 5-129 平江大石板屋场过亭空间

七、大门的朝向及构成

大门是一座房屋的重要节点，也是一座房屋的第一个重要构成部分。大门不仅担负着使用功能上的意义，同时还担负着体现文化品位、经济和社会地位的作用。通过大门的朝向和附属构件来迎合风水要求，以达到趋利避害、促进家族兴旺的目的，大门的装饰也起到了美化整体建筑的作用。

大门的主体是门框、门槛和门扇，这是一座最简单的大门都必须具备的基础构件。大门的附属构件很多，大门上部有"门簪"，门簪多安在中槛上。门簪上部有匾额，下部有门槛、门枕石。门枕石外有抱鼓石，再向外有上马石，门扇上有门钉、铺首等。大门可以随着墙面开，称随墙门。讲究的大门上面有门罩，大门甚至可以开在随墙牌楼的中间，这种大门与牌楼合为一体，如陈氏五房宗祠的大门即开在牌楼的中间，并且牌楼与正立面的整面墙体也融为一体，牌楼的上部也是大门的门脸。

湘东许多大屋的正大门开在横向长房的正中一间，大门入口即是门厅，大门的上部，上槛与中槛之间，或是门枋上可以有彩绘或是涂刷色漆，木门

图 5-130 茶陵乔下村牌楼与大门的结合

图 5-131 江西流坑民居大门

图 5-132 湘东大屋大门的基本形态

图 5-133 炎陵大屋院门

图 5-134 浏阳锦绶堂大门

图 5-135 醴陵李立三故居大门

图 5-136 带屋檐的醴陵民居大门

图 5-137 平江祠堂大门

图 5-138 湘东石质大门局部

图 5-139 江西大屋大门下部结构

板上可以绘制门神。

门簪和抱鼓石是大门的重要装饰构件，门簪的作用是多重的：（1）作为大门的一个结构性构件，连接门框上部的中槛与门框后部用于固定门扇门轴的连槛；（2）起到美学意义上的装饰作用；（3）门簪顶端的一些文字或八卦元素起到辟邪或祈福的作用；（4）代表大门的朝向，起到风水上的作用；（5）可以有承托上部匾额的功能；（6）隐含生殖崇拜，祈

图 5-140 湘东民居典型性石库门

图 5-141 民居大门辅首及插销

图 5-142 桂东祠堂大门门神

图 5-143 浏阳大屋大门上的门神

图 5-144 纯木门枕

图 5-145 平江大屋门枕石

愿人丁兴旺。

门簪也叫作门钉，在湘东地区是成对出现的，多为二根或四根。在湘东笔者目前还没有看到呈奇数出现的，但在其他地域有出现三根门簪的情况，但也是个别情况。

与门簪具有同样作用的大门附属构件是抱鼓石，抱鼓石由于制作成本较高，不是所有的大屋都有，抱鼓石一般与大门下部的门枕石相连。湘东的门枕材质有两种，一种即通常意义上的石质门枕石，另一种是形状和功能与石质门枕完全一样，但由整根大木加工成门枕。这种门枕的木质非常优良，具有耐潮、耐腐、耐磨损并且不变形的特质。抱鼓石一般由鼓身、下部的鼓托和鼓顶上的小狮子构成，也有个别的抱鼓石和上马石凳"合体"，将鼓身放在

图 5-146 湘东祠堂大门门簪

图 5-147 江西大屋门簪

图 5-148 湘东大门上部

图 5-149 刻字的门簪

图 5-150 门簪的结构

图 5-151 描金彩绘雕花门簪

下部，而上部为平整的石台面，高度正好可以借一步跨上马背。

大门的朝向本来是应该随场地和交通流向而设的，主要的决定因素是满足采光、通风、交通便利及安全性的要求，但由于大门的朝向一直有风水上的意义，不同的人家，在姓氏、职业、地势等综合因素的作用下，不能朝向某一方向。而房屋的宅基地又决定了房子的总体朝向，大门必须错开某一方位，或必须朝向某一方位时，大门与房屋的朝向就会发生偏转，大门就会不随房屋的墙体走向而设。这种情况并非湘东独有，但是有一种特殊情况，在大门朝向发生偏转之后，依然无法满足"朝向"的要求。在醴陵沩山村，有户人家将门簪和门枕石在大门的朝向上继续偏转，让门簪和门枕石与大门平面不是呈90°，而是形成一个夹角，这种情况，除湘东外，其他地方罕见。

图 5-152 多功能抱鼓石

图 5-153 桂东祠堂抱鼓石

图 5-154 门槛石及抱鼓石

图 5-155 石质大门及抱鼓石

图 5-156 长沙九如里斜开的大门

图 5-157 板梁村民居斜开的大门

图 5-158 沩山村旧房斜开的大门

图 5-159 斜插的门簪

图 5-160 倾斜角度

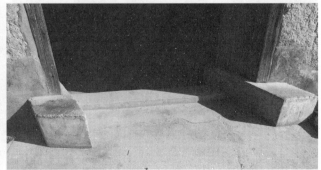

图 5-161 斜插的门枕石

八、墙体

墙体与地面以下的基础是连为一体的，但是在湘东考察的过程中，一直没有机会亲眼看地面以下的墙体基础部分及地下排水系统，这是一个不小的遗憾。湘东地区能妥善保留至今的传统建筑，绝大部分为砖墙结构，从砖的外观来看有两种砖：一种是青色的砖，也就是我们平时说的青砖；另一种是前文提到的所谓"花砖"（名称来源于柳肃先生），"花砖"在江西至湘东、湘中、湘南都非常普遍。湘东的青砖从质地上看是比较细腻的，也有烧制得特别细腻的。青砖墙体在眠砌时，主要墙体面上有打磨过的痕迹，而"花砖"却几乎没有打磨的，这跟烧制"花砖"的原料本身比较粗糙有关。我们在江西的万载县周府（濂溪堂）看到，整个大宅是由花砖砌筑的，烧制花砖的泥料是就地取材，在房前挖过两个人工塘，挖出的土就用来烧砖，挖出的土坑，引来水流灌注成塘，这样做一举两得。

民间使用的青砖，尤其是等级要求高的青砖是要用老田（水田耕地）里面的田泥烧制。水田的泥相较于其他可用于烧砖的黏土由于泥质更加细腻，泥内腐殖质含碳较高。在烧制时，内燃烧充分，这样烧出的青砖密度大、强度高、吸水率低、抗冰雪侵蚀，并且外观规整、颜色均匀。当然，青砖的烧制工艺也更复杂。在烧制的后期，要向窑内喷水，水在高温下分解，并与燃料中的碳结合生成水煤气，将砖窑内的气氛控制在还原焰的状态。水煤气中的氢气用于燃烧发热，一氧化碳用于与砖泥中的铁形成低价铁，这是青砖外观颜色的由来。

花砖的烧，要粗糙一些。一是在选择泥料上，只要是普通的黏土即可，当然中间的砂、石越少越

图 5-162 平江乾隆十八年（1735）墙体

图 5-163 平江花砖墙体

图 5-164 衡阳陆家新屋墙体

图 5-165 茶陵祠堂墙体

好；二是对烧制的气氛，即窑内的含氧量没有严格的要求，基本控制在中性焰即可，由此才会烧出色差较大的砖体。但是从另一个角度看，这种花砖烧制难度低，烧制成本也比青砖低。花砖在湘东传统建筑中的普遍使用也成了赣西至湘东南建筑地域文化中的一个独具特色的建筑表现符号。从某种意义上来说，这种花砖构成的墙体表现肌理成为赣西至湘东传统建筑中最具共通性的典范。

湘东传统建筑的墙体，除了砖砌墙体外，还有土坯砖砌和夯土墙体。砖砌墙体大多是眠砌，层数不超过两层，高度最高8米。与徽州的白墙青瓦不同，湘东和赣西的墙体，不论是眠砌还是空斗墙（湘东几乎没有纯空斗墙，空斗多是一眠一斗，或两眠一斗），外墙均不做大面积的刷白，最多在墙裙部分或是山墙的两端做白粉涂刷，裸露的清水砖墙，尤其是花砖墙体，显露出一种自然而丰富的表面肌理，形成一种独特的美学视觉效果。当地的民居屋顶木结构部分大部分是搁檩，即檩条和檩条下承托的枋两头插入山墙墙体，中间部分搁在明间（厅）两侧的砖墙顶部，或是由明间两侧的两榀屋架承托。

这种屋架的做法，湘东与赣西地区是完全一致的。徽州民居的外墙基本不承重，仅起围合作用，房屋的骨架是里面的木结构，所以围合墙体用空斗砌法就够了。墙钉（又名铁壁虎）的作用就是将外墙与内部的主要承力立柱拉接在一起。湘东大宅的内部，如厅堂部分，由于跨度比较大，也有在厅中

图 5-166 湘东花砖墙体

图 5-167 醴陵花砖墙体

图 5-168 攸县大屋花砖墙体

图 5-169 茶陵大屋墙体

图 5-170 赣西民居山墙

图 5-171 江西流坑民居山墙

图 5-172 醴陵空斗硬山人字折线墙体

图 5-173 醴陵渌江书院内的猫弓背山墙

图 5-174 涂刷保护层的墙体

图 5-175 卵石基础、两眠一斗墙体

图 5-176 眠砌单层墙体

支木柱的，但这些木柱并不是房屋结构的主体承重构件，主体承重依然是靠墙体。还有一些大屋的厅堂内部，只要跨度不是很大，则无须架设立柱，横跨大厅的木构屋架就架在左右卧室靠厅一面的纵向墙体上，与"山墙搁檩"的意义是相同的。因此，不论是山墙还是内部的分隔用墙，只要是纵向的墙体，几乎都要承担起结构负重的功能，所以湘东大屋用砖的尺寸较大，以300毫米×200毫米×100毫米为常见。

湘东地区由于雨水较多，即使是砖墙，不论是室内还是靠室外的墙体，防水、防潮、免除侵蚀，延长墙体使用寿命是头等大事。砖块长期浸水或长

图 5-177 桂东土坯墙体

图 5-178 挑檐与土、砖混合墙体

图 5-180 桂东土坯砖与夯土墙体

图 5-179 砖基土坯墙体

图 5-181 土坯砖抹面墙体

期受潮都会大大降低强度,尤其是接近基础的部分。因此,在建房时的基础之上,地面露明的部分为防水、防潮,有些大屋会在墙砖下垫一层或数层条石,这种防潮石条有可能在地面以上,也可能在地面以下,并不能直接看到。但据当地老人介绍,在清朝时,当地官府曾征收"留石税"。所谓"留石"即指这种地面以上露明的用于基础砖墙砌体防水防潮的石条。"留石税"的征收,目的是对所谓"豪宅"征收额外的税费。所以为避免征收"留石税",湘东有许多大宅是将防潮防水石条做在地面以下的,石条的顶面与地面的水平面持平,这样,地面以上就看不到石条的痕迹,同样可起到基础墙体防水防潮的作用,可以合理避免税收。

条石在墙体中的运用,另一个作用是起到加固墙体的作用。在大门外的砖墙转角处,在厅堂的阳角转角处,常可以见到"转角柱石",可以防止墙体在受到意外撞击时破损,对墙体起到加强作用。

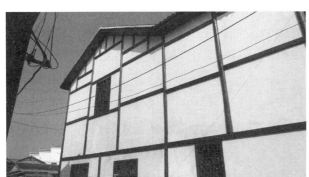
图 5-182 与木构件结合的山墙

图 5-183 墙体与檩条的构造关系

图 5-184 青砖的尺寸

图 5-185 平江所见最高单层大屋

图 5-186 茶陵大屋外墙与墙基做法

图 5-187 大屋内墙体基础与转角的做法

图 5-188 砖墙直接落地的做法

图 5-189 加固的转角石砌法

图 5-190 墙角做法

图 5-191 赣西民居墙体转角做法

九、梁架

梁架有多种构成形态，在徽州地区民居内多抬梁式屋架，有时不论房屋的开间和进深是大是小，均用抬梁结构，"肥梁瘦柱"是徽州传统建筑的典型特征。湘西的侗、苗、土家族的房屋多为穿斗式结构，梁柱的用材尺度都不大，以结实耐用为主，美观次之。湘东地区民居屋架多采用"山墙搁檩"，这种屋架做法本身并不是一种档次很高的结构形态，对木材的要求也不高，直径在10~15厘米即可做主材檩条使用，跟徽派的梁、枋柱动辄用直径40厘米以上的高档木材不可同日而语。但是湘东建筑却呈现出多样性的特征，以三种梁架结构并存的方式体现出一种丰富的上层屋架表达方式，并且不同的屋架语言又会在同一座建筑中相互穿插和组合使用。

山墙搁檩

山墙搁檩是湘东地区传统民居中使用最多的一种屋架建筑方式。

茶陵陈家大屋在建造时，似乎刻意回避使用柱子。这种大屋在建造时是花费了极大的财力物力和人工的，不用木柱并不是完全出于经济方面的考虑，而是刻意为之，使整座房屋不论从哪个节点望去，视线尽可能通透。这座大屋几乎所有墙体都使用青砖纵向眠砌（顺砌），墙体的顶端及厅的横向跨度均略大于两旁的卧室的横向跨度。这座大屋不仅厅堂内没有立柱，过亭、天井上部开口的屋檐下四周都没有立柱，全部依靠从穿插在墙体内的水平木质构件承托上部屋面及风、雪等动静荷载。这种以纵向墙体架设檩条的做法是湘东地区最常见的屋架形态，其他形态也多以这种形态为基础。

图 5-192 大石板屋场梁架

图 5-193 大石板屋场牛轭枋屋架

图 5-194 浏阳民居山墙搁檩

图 5-195 湛氏祠堂过亭梁架

抬梁式

抬梁式结构对木质建材的要求较高，但赣西与湘东的"抬梁式"和"徽派抬梁"是有区别的。徽派抬梁对木料的要求更高，在木材加工过程中损耗略小，基本上要做成"冬瓜梁"，断面接近椭圆，整体呈现向下的半月弧形，而且梁表面有雕花。赣西和湘东的抬梁形态非常接近，梁体平直、屋架整体视觉更干净，但对木材的利用率略低，以可以承受荷载为屋架各部件的尺度要求。

醴陵白兔潭刘家大屋的厅堂部分，如果以木结构划分，则成为三个开间。厅中的两榀屋架为抬梁式，厅堂两侧的两榀为穿斗式，厅中抬梁下的前后金柱上是三级横梁，左右金柱间有额枋连接，前后金柱间共架9根檩条，檩条下各加一根截面为竖向长方形枋，脊枋用以增强正中脊檩强度，而厅两端的穿斗空隙部分均加板封闭，使这两榀屋架形成一个木质"墙体"。刘家大屋的抬梁并不是规范意义上的抬梁，原则上，三层横梁只能托7条檩，但是刘家大屋的抬梁却用三层梁托9檩。原因是在最下面第一级大梁上承托了前后各加的一根童柱，而两根童柱高低不同，靠近前后金柱的略矮，靠中间的两根略高。正中脊檩下面也不是通常的瓜柱支撑，而是用一块三角形替木固定脊檩，脊檩下亦有脊枋加固。整体结构横平竖直，结构更加丰富且牢固，木架不事装饰，以原木本色示人，少了徽派的梁架多了装

图 5-196 江西万载民居抬梁屋架

图 5-197 浏阳六栋堂抬梁屋架

图 5-198 沙田老屋屋架

图 5-199 桂东君甫祠堂梁架

饰性的商人气，多了一份湖湘文人平直的书卷气。这种结构体现，如果对比江西流坑的传统建筑，可以发现这两者是一脉相承的。

湘东传统建筑中抬梁的另一种形式比较特别，就是为了增强大跨度的厅堂上部纵向墙体承载的檩条的抗弯性能。在檩条下，离纵向墙面1米左右的距离各加一根梁，这两根梁可以是直的，也可以是向上起拱的弯梁。这两根梁下面并没有柱子支撑，而是在厅堂前后横向各架一根"枋"。枋的两端入墙，所以枋离地面的高度可以自由调节，一般情况下尽可能地接进上部的檩条。这样，在前后横枋上架梁的做法与"抬梁式"类似。若是直梁可能要抬两层以上，而向上起拱的弧形梁则可以贯穿厅堂的全部进深，一般一根曲梁就可以加强顶部所有的檩条。穿斗式在湘东极少见到单独使用，一般会和抬梁或"搁檩"结合使用。一方面在用材上和纯"抬梁"相比，对材质尺寸的要求较低，一定程度上降低建造成本。另一方面，稳定性和牢固性性能比较突出，对房屋的安全性和使用寿命都比较有利。

图 5-200 江西铜鼓邱家大屋抬梁屋架

图 5-201 浏阳社港新安廊桥抬梁屋架

图 5-202 江西铜鼓邱家祠堂抬梁屋架

图 5-203 徽州月梁抬梁屋架

拉接构件

湘东传统建筑中有一些构件找不到专有的名称，如一些屋架中的拉接构件，不论在中型建筑、大屋类民宅还是祠堂建筑中都普遍出现。这种构件的作用类似于枋，横向分布，长度与檩条同长，而且位于檩条的垂直下部，距檩条的距离不等，有的水平分布，有的距檩条的距离相同。在檩条之下形成了第二组"檩条"，还有一组拉结枋将厅两侧的墙面和榀架结为一体以加大纵向结构的横向稳定性。湘东房屋的层高比较高，多为单层，或底下一层做日常使用，上部半层阁楼放置闲置物品。这些横向拉结的木制构件笔者认为有两个作用：如果仅仅是与檩条距离等高分布的，那么只起到增强墙体稳定性的作用；如果是水平分布的，除了可以增强墙体稳定性外，还可在水平的"枋"间加木板条，形成一个存放杂物的空间。

图 5-204 茶陵皇图村龙氏分祠屋架

图 5-205 桂东刘氏兄弟大屋屋架

图 5-206 普乐老宅屋架

图 5-207 潼塘村民居梁架

图 5-208 浏阳大屋屋架

图 5-209 浏阳民居屋架

图 5-210 毛源村屋架

图 5-211 山墙墙体与屋架中的拉结关系

图 5-212 炎陵桥头江家屋架

图 5-213 叶家祠堂屋架

其他

其他图片如下。

图 5-214 聚龙居彩绘梁架

图 5-215 醴陵刘家大屋抬梁屋架

图 5-216 醴陵刘家大屋卷棚屋架

图 5-217 毛源村屋架

图 5-218 牛轭梁

图 5-219 平江地区梁架

图 5-220 平江地区梁架

图 5-221 浏阳大屋两榀抬梁屋架

图 5-222 长世第梁架

图 5-223 浏阳六栋堂屋架局部

图 5-224 醴陵刘家大屋穿斗屋架

图 5-225 茶陵龙氏家庙梁架

第六章　湘东传统建筑细部构造及装饰

一、柱及柱础

柱在建筑中的作用是支撑房屋的上层结构及荷载并构成整体框架，同时也构成房屋的视觉序列，柱上的附属构件也具有一定的装饰作用。

除了垂花柱以外，其余绝大部分柱及柱础，结构上的意义要大于装饰方面的意义，不同的地域，柱在房屋结构中的作用，也有主次之分。

徽州传统建筑中，支撑结构是以柱为主，墙多空斗，仅起围合作用。柱与梁枋是结构的核心，由于用材的木料价格昂贵，同时特殊的木料具有防虫耐腐作用，故多不装饰。我们看到的木柱绝大部分是木质本身而不上漆，柱础多用徽州当地黟县特产的一种叫作"黟县青"的黑石。

图 6-1 徽州柱及柱础 1

赣西和湘东地区，尽管地处山区，木材资源丰富，但和徽州的财力相比不可同日而语，尽管也用木材，但多限于当地产的木材，几乎没有人家可以富裕到用银杏、楠木或大材的樟木做一座以柱梁为主要结构的"大屋"。尤其是湘东地区，其在历史上经济并不发达，人口以江西移民为主，在宋代以前，湖南地区甚至不能被称作一个单独的省份，湘东更是人口稀少经济滞后。湘东的农业和经济发展主要是在明、清以后，甚至主要的经济带动力量不是湘中、湘南、湘北，而是来源于赣西、赣中地区的人口迁入。与徽州形成鲜明对比的是，湘东民居的承重结构以墙体为主，柱、梁为辅。作为房屋内承重的大木构件，梁、柱呈现出形态上的多样性，在这一点上，柱所表现出的多样性特征又胜过梁。

在湘东地区考察中，所见到的年代最久的木柱为截面呈方形的木柱，柱边长为25厘米左右，柱下有木质方形柱垫，柱垫尺寸比柱径略大，转动45°

图 6-2 徽州柱及柱础 2

方向，介于柱底与八边形覆盆状石质柱础之间。所谓方形柱并不是指相邻两边呈尖锐的四个直角，而是四个直角均做过倒角，方柱的形态更具有几何美学的特征。但作为木柱，材料加工的损耗要大于圆柱，不论是木质方柱还是石质方柱，均要做倒角处理，主要是出于行走于柱旁的人员安全考虑，避免不必要的碰撞伤害出现。

对比湘东与赣西的柱式及柱础的基本类型，有以下两点非常类似：（1）柱础分上下两层，下层为四方形或多边形，四边形的四个尖角多做成"虎爪"形，上层为圆形，如鼓。（2）柱多上漆，以红黑两色为主。在基本类型上，湘东柱础呈现出许许多多的变化形态，由两层变为三层，上层依然为"鼓形"，中间为八角形带动物纹或者草纹，下层依然为方形。

在湘东，不论是木柱还是石柱，方柱出现的概率要大于周边其他地区。在有的祠堂建筑中，方形石柱与圆形木柱出现"混搭"，下半截为方形石柱，上半部分为圆形木柱。在茶陵县老城区内还见到用磨制的砖块砌筑的圆形砖柱，砖柱上部再接圆形木柱。除了上下拼接的立柱，还有许多包镶柱，即要求的柱径，在单根木材直径无法满足的条件下，用具有一定厚度的木条围合，包裹直径较小的通长木柱，并加以固定。固定的方法多用铁钉从包镶的木条表面打入内部木柱，这样从外观上看，就加粗了这根柱的直径，优点是可以用小材组合成大材，起到提高承受荷载的作用，并有一定的视觉提升作用；缺点是只能远看，不能就近细看，细看则柱身表面显得粗糙。不仅柱可以通过包镶的办法提高材积尺

图 6-3 江西周家大屋厅堂立柱

图6-4 方柱方垫八边形柱础

图6-5 废弃的柱础

图6-6 湘东常见的柱础形态

图6-7 赣西大屋柱础1

图6-8 赣西大屋柱础2

图6-9 江西邱家大屋柱及柱础

图6-10 江西周家大屋柱及柱础

图 6-11 方木柱两边带槽方柱础

图 6-12 方木柱方石柱础

图 6-13 醴陵刘家大屋双层刻花柱础

图 6-14 冠军大屋柱及柱础

图 6-15 平江毛氏祠堂柱及柱础

图 6-16 平江民宅柱及柱础

图 6-17 梅仙镇老宅柱础

图 6-18 木质柱垫

寸，上部的梁架也可以通过类似的方法变小材为大材，做成拼合梁，有时包镶柱与拼合梁在同一座祠堂建筑中同时出现。

　　民国时期的湘东地区，开始出现砖砌方柱。这些方柱往往随墙，并与砖墙共同承担建筑物各部分的自身荷载与其他动、静荷载。这些柱与墙的受力关系已没有主次之分，而是以一个整体的形式完成建筑结构的各项要求，同时也担负起建筑立面的审美要求。

图 6-19　裸色包镶柱及拼合梁架

图 6-20　包镶柱柱钉

图 6-21 与拱券结合的方形砖柱

图 6-22 砖木结合柱

图 6-23 茶陵老宅圆形砖柱

图 6-24 东源村砖柱

图 6-25 民国早期表面装饰方砖柱

图 6-26 锦绶堂石质方柱及柱础

图 6-27 流坑董氏祠堂石柱

图 6-28 圆木方石立柱

二、木雕

木雕的目的是装饰木制构件，提升整座建筑的艺术品位，同时也代表了房主的审美取向、经济和文化水平。传统建筑中的装饰性图案也是当地的风俗人情、民间传说的表现方式，但受经济水平的限制，木雕的水平有高低、数量有多寡。总体来说，经济富裕地区的木雕水平、繁杂程度及后期的装饰手段要高于经济欠发达地区，文人气息浓厚的地区，木雕的装饰性要弱于商人气息浓厚的地区，所以木雕水平的高低从一个侧面可以反映当地的经济、文化水准及审美取向。如果以皖南的徽州地区为标准，那么徽州的木雕水平在长江以南地区是首屈一指的，徽州的木刻技艺向东影响到江浙地区，向西影响江西大部。但是笔者始终认为，江西传统建筑中木雕的审美趣味要略高于徽州，主要原因还是科举在江西的成就要高于安徽，更远高于湖湘地区，所以徽州、赣西、湘东三地，在木刻技艺上的传承关系应该是：从技术意义上，徽州影响赣西，赣西带动湘东，所以经过大量的实地考察和图片对比可以发现，在湘东可以看到的与木质结构及装饰相关的特征，

图 6-29 徽州骑门梁木雕

图 6-30 徽州人物木雕

图 6-31 徽州带护净的雕花木窗

图 6-32 徽州门挂落

图 6-33 徽州门扇木雕

图 6-34 徽州正厅穿插枋金漆木雕

在赣中、赣西等地都可以找到类似的甚至是非常接近的参照实例。但总体上，江西从中部到西部的传统建筑中的木雕水平及装饰水平要高于湘东地区。通过与江西的比较可以发现：第一，江西有的，湘东几乎都可以找到，但不论是装饰水平、装饰面积和体量及至审美水平都要低于江西的平均水准。而从梁架的形态来看，从徽州到江西再到湘东，也是一个从月梁到平直梁的过渡，而且材径越来越小。这不仅是一种文化和审美情趣的变化，更是一种经济实力的变化。

木雕是小木作的一种，主要出现在槅扇门、窗、骑门梁的中部及两端，梁端从柱身出头的部位，雀替花牙子，罩落，牛腿，斜撑，藻井，斗栱局部，主要梁、枋的端头，梁枋之间承力的柁墩，瓜柱下的承托的构件等。主要表现内容有民间戏曲或神仙人物、花草、动物、吉祥图案、自然纹理、几何纹理等。湘东地区的木雕水平与经济文化比较发达的地区相比总体水平略低，属于品种丰富但技术、技法较低的一类。

图 6-35 江西流坑和合二仙木雕

图 6-36 江西民居草龙上色木雕

图 6-37 江西流坑木雕窗

图 6-38 江西木质雕花窗扇

图 6-39 江西民居屋檐挑梁梁头木雕

图 6-40 江西木雕藻井

图 6-41 大石板屋场正门骑门梁木雕

图 6-42 平江大屋雕花木刻

图 6-43 彩色木雕构建

图 6-44 浏阳李家大屋木刻穿插枋

图 6-45 平江祠堂彩绘木雕

图 6-46 浏阳六栋堂草龙木刻雀替

图 6-47 平江木雕花檩下挑栱

图 6-48 花牙子、梁头木雕及动物装饰

图 6-49 装饰性动物木雕

图 6-50 寿字纹木雕门窗

图 6-51 桂东聚龙居门窗木雕

图 6-52 茶陵祠堂藻井

图 6-53 文华书院神龛木刻细部

图 6-54 锦绶堂诗文花草彩绘木雕

图 6-55 门簪木雕

图 6-56 茶陵龙氏家庙门楼斗栱及木雕

三、砖石雕刻

砖石雕刻与木质雕刻一样，都属于以装饰性为主的表现技艺，湘东地区的砖石技艺同样受经济条件的制约，与相邻的江西、广东区域相比较，是比较低等级的。这里需要说明的是，没有将湘东地区的石质牌坊（楼）包括在内，原因在于：本小节表述的砖石雕刻是以装饰性为主，属于民居或祠堂类建筑的附属部分，而石牌楼则属于一种整体的建筑形式。此外，牌楼的功名、功利、表彰性极强，石刻的装饰性并非牌楼的主要表现功能，因此没有将石质雕刻的牌楼包含在本章节内。

在砖石雕刻中难度较大的是石雕，刘大可《中国古建筑瓦石营法》中的石雕介绍将石雕分为"平活""凿活""透活"和"圆身"四种。这里的"平活"，相对于《营造法式》中"石作制度"的"素平"，也称作"平雕"，主要以走线为主的石刻部分，"减地平钑"也可以归入"平活"的范畴。"凿活"即浮雕，属于"阳活"，即从石面中比较明显地突出

图 6-57 江西万载砖花窗 1

图 6-58 江西万载砖花窗 2

图 6-59 江西万载砖花窗 3

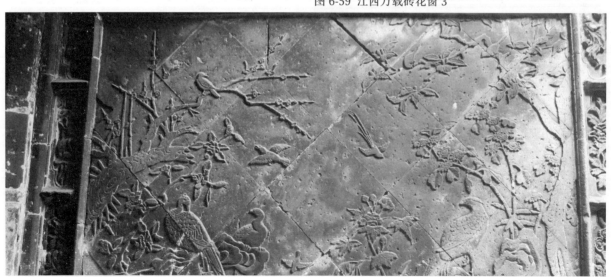

图 6-60 江西流坑砖雕

来的形态。"凿活"又分深、浅两种，与《营造法式》中的"压地隐起华"和"剔地起突"含义类似。而"透活"是指"透雕"，透雕技法在石刻中属于高难技法，可以用石材表现一条缠柱的蛟龙，也可以表现枝叶衬托的果实。这种雕刻技术主要掌握在广东和福建两省的石刻艺人手中，透雕石刻作品也主要出现在广东、福建两省，所以徽州人自称在雕刻技艺上有"徽州三绝"，即砖、石、木三雕，其实在石刻方面有些底气不足。当然，木刻与砖雕，至少在长江以南，还是以徽州为最。徽州的砖雕技艺中，还有一种"捏塑法"，即用制砖的泥料，像捏面人儿一样，"捏"出各种花草、人物、动物形态，连着砖底座一同，一次素坯成形，再行烧制，这种砖饰方法似为徽州独有。砖雕与石雕有许多类似的地方，都属于"硬活儿"，但加工难度比石雕低，只是在砖雕中没有"圆活"，"圆活"最常见的就是"石狮子"。

砖石雕刻通常会出现在以下一些位置，大门上部的门罩，大门外的石狮、抱鼓石或单独伸出大门的门枕石、石柱础、台基侧面、石柱头和石栏板、石透窗、砖石影壁等。而以湘东大屋为例，极少有门罩出现，石狮也很少。攸县富头村一座大屋前曾有一对石狮，但大屋在1997年被拆后，仅有一座石狮还在村里一块路边的菜地旁，另一座石狮被一座新修的民宅当作镇宅的物件，埋在自家房屋的地基下了。

湘东大宅大门外的抱鼓石是常见的，有在鼓面雕刻浮雕图案的，也有鼓面是光面的；有顶部有小石狮子的，也有什么都没有的"光鼓"。从石材看有普通花岗石刻的，也有黑色青石刻的，还有相当一部分抱鼓石的顶上加一层上马石凳，可以踩在抱鼓石上马，平时当凳子坐，大门口一边坐一个，聊天时很惬意。石柱础上的刻花是最常见的湘东石刻工艺，通常石柱础上层鼓身上下有鼓钉，这属于"基本款"，更精细的就有方形、圆形组合的石刻透雕，并在石柱础周身遍刻花草、动物等装饰图案。

湘东的石花窗多出现在外墙正立面，开窗面积小、位置高，仅做采光用，有很强的对外戒备心理。

石刻、砖雕都是一座宅子花钱的大头，而且多用于装饰性，因此在经济欠发达的湘东地区，尽管在石刻一类构件上可以看到江西石刻技艺的许多类似甚至相同的雕刻手法及造型特征，但总体水平要低于江西，更不可能和广东、福建和徽派石刻相类比。

图6-61 江西铜鼓县大屋柱础

图6-62 江西柱础细部

图 6-63 石狮面部

图 6-64 浏阳大屋边的一对石狮

图 6-65 抱鼓石顶的小狮子

图 6-66 石狮底座纪年

图 6-67 桂东老宅门枕石刻花

图 6-68 桂东祠堂门枕石刻花

图 6-69 红砂岩抱鼓石

图 6-70 黄泥湾叶家大屋门枕石

图 6-71 烟舟村大宅黑石抱鼓石

图 6-72 黑石抱鼓石

图 6-73 小坪村大宅抱鼓石

图 6-74 明末鼓托及门枕石雕刻

图 6-75 东源村大屋抱鼓石鼓面

图 6-76 平江哲寮村老宅抱鼓石

图 6-77 浏阳大屋的石刻花台

图 6-78 动物纹石刻

图 6-79 祠堂寝殿台明石刻

图 6-80 石质万字花窗

图 6-81 东水村老宅石刻花窗

图 6-82 旗杆石文字雕刻

图 6-83 桂东花砖通气小窗

图 6-84 湘东石刻花窗

四、灰塑

灰塑是指以石灰、黏土和胶质为主要塑性材料，加入纸筋等内部拉结材料，内部以铁丝、竹篾、细木等经过工匠加工塑造堆砌成，外部再施以彩绘或白灰等保护层的一种装饰形态。从狭义的角度定义，灰塑更接近于立体雕塑。广州陈家祠堂的屋脊部分就是由大量的琉璃、陶塑及灰塑装饰而成的；但从广义的角度定义，凡是以石灰为基础材料加工而成的带有一定装饰性的建筑部分，不论是立体的还是浮雕性质的，均可称为灰塑。

灰塑在湘东传统民居中并不常见，在部分马头山墙墀头上端（盘头）部分可见灰塑装饰，并结合彩绘。在山墙墙面上部三角形的区域，偶见花草灰塑装饰图案。由于湘东的墙体外墙有许多是不刷白灰的，多以青砖或花砖做清水墙体，因此在山墙，尤其是"人字"山墙上装饰灰塑花纹，显得对比强烈，格外生动活泼。灰塑造型也偶见于湘东祠堂的屋脊正中，但造型比较粗糙。笔者也曾在一座湘东大屋内见到一处透窗，以木构为里，外裹泥灰，整体呈灰白色。

图 6-85 陶公庙墙面灰塑

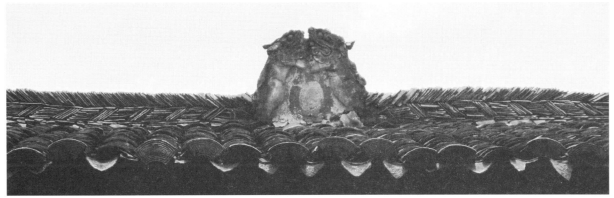

图 6-86 湘东祠堂屋脊正中

图 6-87 天井照壁细部

图 6-88 桂东山墙端头

图 6-90 醴陵白兔潭刘家大屋马头墙端

图 6-89 锦绶堂装饰垂花柱的墙体转角

图 6-91 桂东刘氏兄弟马头墙端头

五、彩绘

湘东地区民间建筑的彩绘图案多出现在梁、枋、藻井、脊檩、穿插和斜撑构件等处，少数墙面做壁画装饰。彩绘的作用不仅仅是出于装饰目的，同时也是一座建筑的等级标志。彩绘在上色之前要对构件或墙体基底做清理和上底色等工序，在一定程度上也有保护建筑物构件，尤其是木质构件的作用。在一些上了一定级别的建筑的大门门扇之上，有绘制门神的传统。

湘东的建筑彩绘，整体水准可能是受画师技法的影响，往往构图比较稚嫩，彩绘的题材通常也比较简单，多以祈福避邪为目的。例如祠堂大门门扉上的门神彩绘，房屋中脊大檩或中脊枋下的"蝙蝠""金蟾"等图案的彩绘，有祈福、招财的寓意。另一个主题是"八卦"图案，"八卦"图同样是出于避邪的目的，同时具有阴阳平衡、天人合一的意境，希望家族兴望，子孙平安。因此，"八卦"符号从正脊下部（或正脊枋）到门簪端头或藻井、大

图 6-92 花鸟图

图 6-93 匾额上的彩绘

图 6-94 聚龙居游鱼图

图 6-95 锦绶堂墙体诗文花鸟彩绘

门门框内,甚至地面的卵石墁地均会出现这类图案。"八卦"的符号以两种形态出现:一种是组合了太极阴阳图的八卦;另一种是仅以乾、坤、巽、震等八卦方位图案出现,尽管表现形态有所不同,但目的与意义是近似或相同的。

湘东彩绘的分布呈现出极大的不均匀性,湘东大屋尽管分布比较分散,但总体数量不少,几乎每个县下的乡一级单位都有分布。湘东北地区的绝大部分大屋注重空间设置,而少有装饰,外观"气派",内部以实用、简洁、牢固为主。但也有例外,在湘东南的桂东地区的"聚龙居"大屋,屋内出现了大面积的彩绘。据现居者(应该是建屋者的本家后裔)介绍,彩绘的工匠并非本地人,当时的外地工匠有来自广东、福建和湖北的,具体是哪个省的工匠完成的彩绘已不可考。浏阳的锦绶堂则是湘东北地区保存非常完好的大屋,其中的彩绘比比皆是,也是比较少见的一座非常注重彩绘装饰的大屋。

图 6-96 平江民居屋架彩绘

图 6-97 满绘的梁枋及天花

图 6-98 平江大屋梁架局部

图 6-99 梁架及天棚局部彩绘

图 6-100 彩绘梁托及花牙

图 6-101 浏阳锦绶堂天棚彩绘

图 6-102 方形藻井龙纹彩绘

图 6-103 龙氏家庙藻井

图 6-104 过亭蓝低暗八仙彩绘

图 6-105 诗文拼花藻井

图 6-106 严塘乡民居墙体彩绘

图 6-107 湘东祠堂彩绘门簪

图 6-108 醴陵大屋描金门簪

图 6-109 桂东大屋门框细部彩绘

图 6-110 湘东祠堂侧门男门神

图 6-111 湘东祠堂侧门女门神

图 6-112 湘东祠堂门神

六、家具

家具是一座建筑内直接与人发生关系的物件，一座大宅，不论其"豪华"程度如何，离开了家具，都无法让人居住其中。

由于湘东地区是革命老区，国共双方曾在这个地区反复争夺，新中国成立以后经历"土改"，打土豪、分田地，因此，湘东大屋内的家具绝大部分已被洗劫一空，从湘东北至湘东南几乎所有的大屋都没有原配家具。现在可以了解湘东地区原始家具的途径是"名人故居"内的家具，这些征集来的家具形态丰富。以床为例，从复杂的外有挂落，内配床头柜、脚踏的透雕金漆大床，到简单的，仅有挂蚊帐木架的床，形态等级多种多样。而且其他家具，从毛巾架、木箱、书桌、茶几、罗汉椅、梳妆台等应有尽有。但是，问题是这些故居或供人参观的、以吸引游客为目的的大屋内的家具，是不是本座大屋原有的家具？如果不是，那么这些家具来源于哪里？是否可以代表当地家具的形态特征？而摆放在故居内的家具，笔者认为，尽管不能完全确定是否是当地的，或故居内的原有家居，但是从整体上观察，可以代表整体的湘东家具特征。

图 6-113 徽州厅堂摆设

图 6-114 江西老宅堂屋内的摆设

图 6-115 徽州厨房摆设

图 6-116 徽州床

图 6-117 徽州鸦片床

图 6-118 徽州厅里的罗汉椅

图 6-120 徽州合欢桌（一半）

图 6-119 江西大屋中厅长凳

图 6-121 冠军大屋中厅、过厅内长凳

图 6-122 雕花大床及面巾架

图 6-123 罗汉床

图 6-124 床头柜

图 6-125 李富春故居内的书桌

图 6-126 谭嗣同故居书房摆设

图 6-127 胡耀邦故居灶台

图 6-128 湘东大屋罗汉椅

图 6-129 青花陶瓷罐

图 6-130 湘东大屋雕花圆桌

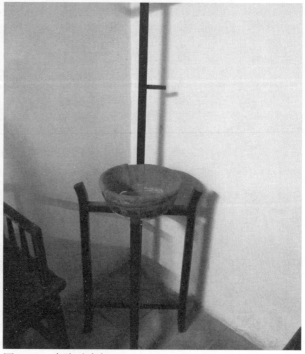
图 6-131 炎陵毛巾架

本章是以大屋内外的装饰性构件及装饰方法作为研究对象，从整体来看，湘东的装饰艺术具有整体上的全面性。也就是说，绝大部分的传统建筑装饰种类都可以在湘东地区，尤其是"大屋"、祠堂或书院中找到对应的装饰构件及装饰手法。同时可以看出，本地工匠对外省，尤其是江西传统建筑的装饰方法及题材选择有模仿及传承的关系，但总体水平低于相邻地区。此外，湘东装饰水平具有不均匀性，有的建筑尽管面积很大，但装饰性部分却很简单，也有个别大屋的内饰不厌其烦，在能够装饰的部分尽量装饰。装饰的本质是为了美观，但是对于什么是美，不同的大屋建造者有不同的观念。大屋的建造者大致有三类人：一是返乡官僚；二是当地乡绅；三是商人。前两类人中有一定功名的文人居多；第三类人总体文化水平不高，但是财力比较雄厚。他们只要建屋，就会有长远考虑，不仅是考虑这代人，还会考虑子孙后代。他们几乎会倾其所有，建造尽可能多的占地面积和房间的大宅。因此，制约装饰程度的一个原因可能是财力所限，另一个原因可能是对文人气质的遵从，遵循简朴、低调、克制的建筑风格。

图 6-132 刻花装饰储物柜

图 6-133 炎陵柜子

图 6-134 李立三故居梳妆台、木箱

图 6-135 浏阳胡耀邦故居衣柜和箱子

柒

第七章　湘东民居特色与湖南其他地区民居比较

一、湖南省的区域划分

湖南省的地理中心位置在娄底地区，但湖南省一直有一条无形的、贯穿南北的"中轴线"，湖南的经济、文化、工农业等重要地区几乎都沿着这条中轴线布置。在这条中轴线上，湘江从衡阳至岳阳进洞庭300多公里是南北走向。湘江，在铁路和公路不发达的年代，是省内最重要的货物和人员运输流通的路线。民国后期至今，京广铁路线从岳阳穿过湖南省从郴州地区进入广东，成为继湘江之后最高效的重载交通线。公路107国道，改革开放之后高速公路再加入这条中轴线，进入21世纪后，高速铁路也贯穿南北。这条"纵贯线"从地理位置上大约在湖南省版图偏左1/3的位置，换言之，湖南的政教、经济、文化的"中心"或"中轴"是偏东的。如果这个区域被理解为"湘中"，那么"湘东"就被湘中所覆盖，这也许是湖南一直以来没有"湘东"的原因之一。而赣西的萍乡地区，从湖南醴陵出省仅5000米左右，就有一个地名，叫作"湘东"。

现在比较通行的说法是，湖南区域划分为湘北，包括常德地区、岳阳地区，常德也被认为是湘西的北方门户；湘南，包括衡阳地区、郴州地区、永州地区；湘西，包括湘西土家族苗族自治州、怀化地区、张家界地区。如果划为三个大区，则将长、株、潭区划给湘北，娄底划给湘西，邵阳、益阳地区划入"湘中、东"区域，这种划分法相对比较严谨和科学。

狭义的"湘东"地理区划概念是以株洲市下辖的三县一市，即以醴陵市、攸县、茶陵、炎陵为主，株洲市和株洲县在本书中不包括在内。但广义的"湘东"概念可将株洲市下辖的四县，长沙市下辖的浏阳市，岳阳东部地区、郴州东部地区等作为一个地域文化区域来一并看待。

二、湘北民居特色比较

湘北的大部分地域为水系和湖泊分布密集的区域，省内地势偏低，是洪涝灾害多发的地区，同时地处洞庭湖南方，为江汉平原的一部分，地势比较平缓。湘北是整个湖南的北方门户，但又无险可依，一旦发生战争，往往首先成为战略要冲。抗日战争期间，常德仅凭一座孤城，在兵员人数少、武器装备落后、外无援军的状态下死战到底，日军最后使用毒气和细菌战才拿下常德，笔者幼年时曾亲眼见过被日军细菌（炭疽）所伤的老人。1977年6月，澧水暴溢。当时的津市还是一个小镇，人口不过2万，几乎全镇进水，这也是笔者亲眼所见。所以，当笔者统计湖南全省主要传统村落和建筑时发现，除了湘东北的张谷英村，围绕洞庭湖的湘北地区，很难再找到一处连片的传统民居村落，归结原因大致有三点：一是战争破坏，包括长沙保卫战的前期也是从岳阳、汨罗一线开始争夺和拉锯的。二是水患，土木结构的民居很难经受住洪水的冲刷。三是和湖区人的性格有关，他们的财产、土地和房屋容易在周而复始的水患中丧失，因此不像其他地方的小农经济区域有蓄积财富的愿望，很少主动建造质量好规格高的房屋，这也是我们在湘北少见"大屋"的原因之一。

张谷英村：

提到湘北传统村落，张谷英村是其中的代表之一。其特点如下：一是年代久；二是规模大、房屋数量多，村落总面积有50000多平方米；三是保存完整，几乎均为明清原物而不是新修的"假古董"；四是"物以稀为贵"，湘北地区很难再有第二家能与之媲美。由于介绍该村的文献很多，这里不再赘

图7-1 张谷英村落环境

述，但就实地体验谈几点看法。(1) 防火措施与其他同类型的民居不同，张谷英村房屋密度很大，火灾本应是该村村民的心头之患，但全村很少见到耸立的封火山墙。据笔者观察，该村防火主要不是靠"封"，而是靠"水"。该村有如下特点：一是自然水系发达，围绕村落主体建筑两侧各有一条较大的溪水，另外村内水流充足，小桥流水随处可见。二是靠人工在院内挖塘，人工蓄水。院内水塘里长满绿萍，可以断定不是生活用水，也无法养鱼，也不可能用来浇地，只能是用于防火的"消防池"。(2) 该村公共休闲场所较丰富，主要通道上都有屋面遮盖，简易的桥梁多，行走方便，道路质量好，覆大块石条，雨天不泥泞。道边水边有"美人靠"长条木椅，劳作行走之余可随处休息闲聊。小的公共空间，比如房与房之间也会有屋面连接，孩子们即使在雨天也可以到处玩耍。(3) 该村防卫比较严密，在主要的交通要道的房屋往往连片修建，留一处大门给村民出入，平时开启，若有匪患，也可暂时关闭，即使不能禁贼，但多少可以起到一定的防护作用。

张谷英村的地理位置在湘东北，房屋的建造手法几乎和湘东传统村落无异，最大的区别还是在于村落水系的规划，同时也有更多的村民公共活动空间和平时供儿童玩耍的区域。湘北地区相对于湖南其他地域，土地比较平整，河塘分布广泛，可耕种面积较大，为了更多地利用水源和土地，村落内的房舍会尽可能地集中建造。湘东地区由于丘陵山地分布更加广泛，许多房屋会在山地沿等高线分布或逐水源和小块的可耕地零散建房。

图 7-2 张谷英村民居

三、湘南民居特色比较

湖南南部地区与广东、广西、江西等省交界，郴州地区的江华、汝城等地是瑶族聚居区，其他地区以汉族村落为主要分布，湘南汉族村落中，板梁村是很有代表性的。

板梁村在郴州市永兴县高亭乡，距今已有600年的历史了。初到板梁村时，觉得板梁就像一座民俗博物馆。从自然环境看依山傍水，后有象岭，前有板溪。村旁有七级古塔（塔顶已损坏），村头有"望夫楼"，传说是为丈夫在外经商的妇女所建。村中明清时代的房屋300余座，祠堂、书斋、小庙、商铺应有尽有。奇特的是，这个村里居然有一座民宅改造成的育婴堂，用于收留和抚养孤儿，这在其他传统村落中是极少见的。板梁村的特点之一是用水独具一格，安徽宏村村内的生活用水是分时段的，最早是饮用水，稍晚时段方可洗涤食物，如淘米洗菜，再往后是洗涤抹布之类的物品，通过分时段的方式来保证生活用水的卫生。板梁村内有山泉水流出，水量充沛，水质清冽，冬暖夏凉，可以直接饮用。村民将山泉引入高低不同的三个水池，最上面的一个是饮用水，中间的池子是洗菜淘米，最下面的一个池子可以洗涤其他生活用品。这三级池子的中间开口部分有二三十厘米宽的泻水口相连。这种用水方法，在时间上就很自由，是什么物品就到哪个池

图7-3 板梁村

子去洗，绝不越规。板梁村的特点之二就是装饰性极强，这种装饰性不仅体现在常见的大小构件上，其中以木雕为最多，石刻浮雕也非常普遍，内容题材丰富。除以谐音为主题的吉祥图案外，一些富有生活情趣的图案也有很多，几乎只要有完整石质平面的地方都刻了花纹，甚至在其他地区不会刻花的地方，如天井中的块石上，在板梁村也刻了浅浮雕。而在有些房屋的山墙面上，有大面积的灰塑花草纹装饰图案，普通砖墁的区域也往往不是普通的顺丁拼接，而是摆放成外圆内方的钱币式样。板梁村的特点之三就是村内的交流场所丰富，村中的小巷并不宽，大多只有1米多不足2米，门口普遍有青石

图 7-4 常宁中田村

图 7-5 桂东东水村刘氏兄弟老宅

图7-6 湘南房屋

图7-7 湘南民居形态

图7-8 桂东扶氏宗祠

图7-9 衡阳陆家新屋

质地的门枕石，有的将废弃的柱础石放在门口，这些石质构件平日里最大的用处就是邻居们坐在门口聊天用的。孩子们平时是不会进祠堂玩耍的，尽管祠堂平时不关门，里面的空间也很宽敞，但他们会觉得阴森。在板梁村内，有不少房与房之间的公用空地，这些地方往往做成下部木构框架，上部覆瓦的半封闭空间，这里往往成为孩子们的乐园，这一部分空间可以被称作村内的中间公共空间。而村中三座主要祠堂的前部有大型的类似广场的坪，这些坪的主要功能是晒谷用的。柳肃教授认为，汉族村落没有利用"广场"进行大型集会和聚餐的习惯，有重要的事情往往在祠堂解决。所以这种晒谷坪主要是孩子们的乐园，也是村里最大的公共区域。

永州的周家大院，是湘南地区较有代表性的大屋。这类大屋的存在与板梁村民居不太一样，板梁村民居在建造方式、形态结构、整体布置上显示出一致性与相互依存的关联性；而像周家大院这类大屋在存在形态上往往具有独立性，大屋内部有足够的空间与配套设施形成自给自足，大屋内的日常生活不必依赖村落的公共空间与公共设施，所以大屋就建筑本体而言与周边的村落建筑关联性不大。

湘南地区的传统村落，从房屋建造工艺来看，具有较大的多样性，房屋各部位的装饰性更强，安全性更好，房屋的建造质量是比较高的，这也从一个侧面反映了当地的经济实力和教育水平。一个地区的经济水平和教育程度往往是一致的，这一点在传统村落中尤其明显，"耕读传家"几乎是每个富裕起来的农村家庭的理想。和湘东村落比较，湘南村落的祠堂在村落中更加占有核心位置，祠堂也是同姓血缘村的精神纽带，这一点对于从异地迁徙而来的人口所建设的村落尤其重要。

图 7-10 永州周家大院

图 7-11 周家大院卵石铺贴的天井

图 7-12 周家大院山墙翘角

图 7-13 周家大院藻井做法

图 7-14 周家大院抬梁屋架

四、湘中民居特色比较

湘中地区是湖南的政治、经济和文化中心，也是中国近代思想界开一代风气的重要策源地之一，而湘东地区在思想方面也是受湘中影响最大的区域。湘东山多地少，生存环境较为恶劣，民风强悍，思想激进，中国共产党早期的许多武装暴动多发生于湘东和赣西。毛泽东同志早年领导秋收起义，转战湘东，后从现在的炎陵县进入赣西的井冈山区，建立了第一个红色革命根据地。所以，在中国革命历史上，湘东和赣西是革命的摇篮，两地人民亲如一家，湖南人也把江西人称为"老表"，这两地的人民也为新中国的建立付出了鲜血和生命的代价。

图7-15 长沙楠木厅6号

长沙是湖南的省会，有2500年的城市历史，它的城市核心区域自建城至今从未变动过。长沙市本该是一个地面建筑文物建筑极其丰富的城市，但非常可惜的是，长沙在近现代经历了太多的战争。长沙地处湘中要路，西边是低矮的岳麓山，城市过去主要沿湘江南北布置，而且主要坐落在湘江东岸，北、南、东三面无险可守。一旦发生战争，只有凭城墙防御，面对优势兵力，要么死、要么降，很难有第三种选择。但长沙军民不这样认为，长沙在抗日战争的22场会战中占了4场，蒋介石提出"焦土抗战"，全国只有长沙忠实执行了，在错误地以为守城无望时是自己焚城的。为此，长沙市民承受了巨大的牺牲，遭受了深重的苦难。而在"惨胜"的长沙会战中，最艰难的时刻，长沙城的核心阵地仅有今天司门口附近的方圆不到500米的一小块区域，但长沙守军还在拼死抗争，日军最后由于伤亡太大不得不放弃进攻。长沙就是有着这种性格的城市，我们今天能在市内看到的每一栋老宅子都是不幸中的万幸，都是一种气节与精神的化身。而2012年年末，我们眼睁睁地看着苏州会馆因商业地产的开发而被拆，虽然日后被异地重建，但外立面也被改得面目全非。

长沙城区内保存下来的传统建筑多建于民国时期，以砖石、砖混、砖木结构为主。按用途分，有公馆、教堂、旅社、商铺等，其中"九如里"是比较有代表性的建筑。"九如里"原为长沙市上层社会的九户人家集中修建的一片住宅区，入口处是一个砖石构造的门楼，门楼本身就是中西结合的，顶部是类似中国城墙的垛口；中部以条石为梁、梁上砌砖，并用条砖拼出几何形围合图案；中心嵌白色石匾，上书"九如里"三个大字；下部两侧为条石与砖混砌。门楼后面是一条小巷，九户人家，一边

5户，另一边4户。"文夕大火"中，左边的全部毁于兵燹，仅右侧的保留了下来。九如里的房屋是连片建造，从外墙上看不出分界点，房屋高两层，以西式构造为主，但也有出于风水考虑而与外墙形成一定夹角，侧一点方向开的入户大门，大门顶部为砖砌拱券承托上部砖墙的重量。门扇外表饰以木条拼接的几何花纹，外墙的红砖全部经过磨平处理，处于非直角形的外墙转角处也是磨角接缝。砖平均长23厘米、宽10厘米、厚7厘米，与我们今天使用的红砖模数不尽相同。现在九如里里面的住户人员繁杂，空间分格也打破了原有的使用功能，但基本上还可以看出，一楼有院子，与上海石库门建筑非常近似。上海人把这种小院叫作"天井"，这和其他江南民居中的天井不是一个概念。小院后面的房间现多被分割成很小的空间，一些租赁户住在里面，侧边有转角楼梯可以上2楼，2楼有走廊和阳台，2楼房间的采光通风都要好于一楼，估计原主人主要以2楼作为起居场所。这些房子已经经历过多次战争而幸存下来，又经过70多年的风风雨雨，主体结构依然保存完好。砖砌的檐柱，折角处连一丝风化的痕迹都没有，依然笔直如一条直线。下楼时发现，楼梯的转角扶手居然是一根整木雕成的，在空中构成一根连续的曲线。在阳台上，砖砌的格栅上，砖上工整地刻着两个字"裕湘"。

湖南娄底地区，是比较典型的湘中地域，晚清重臣曾国藩，其故居就坐落在娄底市双峰县（以前为湘乡县）荷叶乡富托村。曾国藩虽贵为一品顶戴的两江总督、一等毅勇侯，他的故居却是私人宅院，并不属于官式建筑，而属于民居。

在曾国藩故居前，有对故居的介绍，内容如下："富厚堂是曾国藩的故居，始建于清同治四年（1865），占地面积10000余平方米。砖木结构，沿中轴线对称，中轴线上的建筑有门楼、内坪、前后两进主楼。主楼南侧有花厅、绣楼以及曾国藩的'公记'藏书楼和曾国藩长子曾纪泽的'朴记'藏书楼，北侧有曾国藩次子曾纪鸿的'芳记'藏书楼。西北角半山坡上有咸丰七年（1857）曾国藩在家守孝期间亲手营建的'思云馆'。门前有半月塘，半月台，宅北有荷花池，后山有绿衫亭、存朴亭等，整个建筑错落有致，朴实庄重，其藏书楼是我国最大的私人藏书楼之一。"

在实地考察中笔者观测到，富厚堂正门朝向为东偏南14°，但正对远处的笔架山，其中没有任何视线阻挡，大宅背后有一座后山，可以当作富厚堂

图7-16 九如里入口

的"靠山",大宅前面是半月塘,塘的"弦"边长与大宅的面宽相同。整座宅邸,包括后山的山脊,被3.5米高的夯土围墙守护着,在山坡上建有两层高的瞭望楼。作为主体建筑的是两进含一过厅的"八本堂",主体建筑为两层楼高。左右两座藏书楼外观有三层,底层并不藏书,为防纸质书卷受潮,所以读书和藏书均在二三层。两侧的藏书楼向前坪伸出,如太师扶手。这种平面布置和立面处理方式在湖南民居中并不常见,主体建筑的态势也是横向尺度远大于进深。建筑构造中,显见面均为砖墙,但许多分割纵墙是土坯砖墙,外刷白灰。整体风格大气中显得拙朴,和曾氏家族的内在气韵是相吻合的。

湘东地区虽然经济不发达,但是风气并不落后,在湖南省内对比周边建筑类型,对湘东影响比较大的,或者说,相似度较高的还是湘中地区的民居。比如攸县广黄村洋屋,就是一座中西合璧的乡村建筑,很难想象,在地处偏僻的湘东山区,在清末民初的时代,有一座与周边乡土建筑风格迥异的房屋。广黄村的洋屋,即便是放在同时代的长沙,与九如里亦毫不逊色。湘东大屋的另一个重要特征就是在平面布局上强调横向延伸,不论后面有几个天井、几重进深,大屋的面阔通常有几十米,个别的甚至近百米。如果把富厚堂的主体建筑部分作为一个典型案例,则湘东的许多大屋在平面布局上与湘中大屋有很大的相似性。

图 7-17 富厚堂

图 7-18 攸县广黄村洋屋

图 7-19 湘中民居形态

图 7-20 乔口古镇

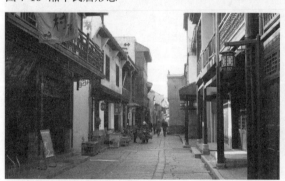

图 7-21 靖港古镇

图 7-22 浏阳李家大屋挑檐

五、湘西民居特色比较

柳肃教授是湖南省内研究湘西民居的著名学者，他的《湘西民居》（中国建筑工业出版社）专著用乡土考察的方式进行实地的测绘与研究，笔者也曾试图沿着他的足迹实地调研，曾从通道县黄土乡、芋头寨、坪坦乡的村落至凤凰、黄丝桥至吉首德夯苗寨考察。由于《湘西民居》一书中对湘西的民族来源、历史演变、文化发展等方面有翔实的描述，本书就不再一一赘述了。

笔者考察过的少数民族村落和民居的数量不多，一次是从川藏线考察前藏地区藏式村落及民居，另一次就是湘西土家族、侗族和苗族民居考察。这些地区虽然相隔上千公里，但有一个共同的特点，就是通过民族民居建筑所表现出来的文化连续性。在这些村落中可以看到早期清代民居至中期民国时代的民居，至60—70年代民居。而今天，他们造的新屋，依然在沿用祖先传下来的营造手法，平面、立面布局、装饰特征，唯一变化的可能是局部的建筑材料。例如，侗族民居过去在房屋基础及底层架空部分的结构均为木构，但现在也出现了用砖砌柱或混凝土现浇柱做基础架空，这种改良的建筑工艺在土家族民居中也同样出现过。这些材料上的变化是为了更好地防水防潮，并提高房屋的耐久性。反观汉族地区村落，这种文化连续性在民居上的体现

图7-23 土家族临水民居

是不明显的。尤其是新中国成立后至改革开放前这段时间，民居文化是断代的。80年代后有短时间的恢复，90年代以后至今，除了部分翻修的宗祠，这种文化上的恢复再一次停止和消失。现以通道平坦村侗寨和德夯苗寨为例，简介湘西村落及民居形态。

在湘西所有的少数民族中，侗寨的各种类型的建筑是最完备的，也是规格最高的，大型的风雨廊桥、鼓楼，中型的庙、亭、戏台、寨门、居住建筑，小型的井亭、牛栏、鸡舍、鱼凉亭应有尽有。

平坦村位于通道县境内南部，是平坦乡的政治、经济、文化中心，距县城21公里，面积6700余亩，人口1000人左右，是纯侗族山寨。这个村寨中不仅有本民族特有的风雨桥（普济桥）、萨岁坛、鼓楼等，还有祭祀孔子的孔庙、南岳庙和城隍庙等。平坦村始建年代不详，但最晚在清代已成规模，现存的鼓楼建于清同治年间，至今主体结构没有变动过。据村民回忆口述，最初，他们的先祖来到这里时，已有多户苗族先民在此居住，后通过械斗抢夺赶走了苗民，苗民迁到西北方向，离村1~2公里的山坡上居住。后来又发生一次大规模械斗，将苗族居民彻底赶走，村寨才安定下来。由此可知，为什么湘西地区的村寨如此重视寨门建设。平坦村有三个寨门，其他走访过的侗寨，不论大小都有自己的寨门。而且村村有鼓楼，就像宗祠是汉族村落的核心，鼓楼是侗寨的核心。只是有的侗寨随建造年代和位置的不同，会有1个以上的鼓楼，平坦村目前有5座鼓楼。鼓楼平时最大的作用是村民可以风雨无阻地出来聊天、玩耍，建在寨子高处的鼓楼可以瞭望和告警，低处的鼓楼往往和一个小广场相邻，大的节日人们聚会、歌舞、议事、吃流水席等都以鼓楼为

图 7-24 通道侗寨

核心。

萨坛，又称"萨岁坛"，是祭"老祖母"的。从这点看，侗族虽不像汉族宗族房派分得那么清，但是也有祖先崇拜，而且是母亲氏族的女性崇拜。此外，从寨中各式庙等可以看出，他们对孔子的崇拜也不是出于求做"人上人"的文化或学术崇拜，而是把孔子当神一样拜。平坦村的城隍庙又名城隍城，位于普济桥桥头，内供城隍老爷和城隍老太。南岳庙供南岳大帝，内有一副对联，上联"心术不可得罪于天地"，下联"言行应能立德于子孙"。在廻龙桥的中段相对而立两个神龛，一边敬关帝，一边敬文昌大帝。一般侗寨也有本寨的风水林，这和汉族村落村口、水口处的风水树是相同的，严禁砍伐。平坦村中还有一个飞山宫，不知敬的是哪路神仙，山墙两端的排水孔被塑造成了两只大张着口的蟾蜍，似乎要从墙上一跃而出。

鼓楼，侗语叫"堂瓦"，不管从外观看是多少层，通常是仅使用底层一层，中心有火塘，有四面开敞式的，也有围合的。但平坦村有一个鼓楼一层架空，就着另一边的地势上二层，二层成为主要活动空间。平坦村的戏台是独立的，底层架空，檐歇山顶前台与后台之间有隔板，纯木构穿斗构架，和同治年建的鼓楼、孔庙等形成对广场的半围合，成为村民大型民俗活动的场所。

侗寨的主要特色为公用建筑丰富而齐备，除了大型廊桥外，只要是长度在4米以上的平板桥上，也会建亭廊。沿桥两侧建长椅、椅背木栅高而密，兼作桥的护栏。每寨必有水井，井水可直接饮用，井旁放置饮用的瓷杯或竹瓢，井上建有井亭，井水口上搭一块斜置的石板，防止渣土和灰尘落入。在

图 7-25 侗族民居

鱼塘的中部往往建有一个小小的鱼凉亭，为的是让鱼在中午炎热时有可以躲荫的去处。在黄土乡盘寨，还有一座专门为老人早时闲聊、打牌、下棋而建的"重阳楼"。建于光绪十八年（1892），重檐歇山顶，纯木构，四周围合，至今依然是老人聚会的场所。

侗寨民居的贫富差距不大，也就是说，从外观上看，居住类建筑的面积、体量、用材等没有大的区别。从这点上看，没有汉族民居的"攀比"心态。居住房屋多为3～4层，底层为架空层，不住人，但通常用木板围合。在有的住户底层还可以看到猪栏，但现在几乎没有再在底层养猪的人家，底层多是放置农具、雨具等生产工具及大件杂物，底层有简易的门，但几乎没有见到过锁。人主要居住层在二层，上二层的楼梯要么在房屋的侧面，要么在正面的两边，没有从正面中间直接上楼的。二层的平面布局与汉族的厅堂很类似，中间是开敞式的，两侧为卧室，前为通廊。这一层主要是家人居住的，最顶层往往会安排几间客房，第四层放生活杂物，若是三层，则第三层客房、杂物间混合布置。屋顶多为悬山，有的房屋为遮斜飘的雨水，会在山墙两侧、悬山屋檐下再加一层披檐，宽有1米左右，所以这类木屋远看似歇山屋顶。

德夯苗寨位于吉首市西北方向，路程不足20公里，但进寨的道路溯溪而上，一直夹在深谷之中。村寨入口处才豁然开朗，远处的山峰像几块屏风，将寨子密密围合。德夯苗族属武陵及大娄山区苗族的一部分。若仅以德夯苗寨与通道侗寨做比较可以看出：（1）苗寨地处的环境更加封闭；（2）苗寨的房屋密度更大；（3）房屋品种相对单一，公共建筑较少；（4）房屋整体的建造水平略低于侗族。苗寨内的民居多沿坡地而建，以石块垒砌找平，形成房屋基础部分。在基础上再覆土，夯平后建房，房为木构穿斗，多为一层上带一个阁楼层。三开间，中间为堂屋，夯土地面。大门形成退入1米左右的凹口，大门开在正中间，堂屋里进门右侧放有装粮食的大木箱斗，箱斗以四脚支撑离地，支撑脚下为防潮还垫有大石块。房屋左间为主卧，房屋右间为架设固定灶台的厨房部分，左间前半部分靠窗位置为日常起居区，后半部分放置衣柜和床铺，这一部分的地面铺有架空高20厘米左右的木质地板。起居部分的中间，在木质地板的中部位置是火塘，火塘是70～80厘米边长的正方形，多由一块整石开凿而成。火塘不仅可用于取暖驱潮、煮食，在火塘正上方还有一排铁木构架，用于熏制腊肉、腊鱼。一层的空间主要靠地面的材质和高差来区分，除左间后部卧室外，其余部分都是开敞式的。在火塘区与卧室隔板外有一架简易活动扶梯可上二层阁楼，在阁楼上可看到房屋的主要上部结构，即一榀一榀的穿斗构架，檩条与柱和瓜柱柱顶呈一一对应，以及各种轻质生产、生活用品。

德夯苗寨现为旅游开发景区，许多房屋已经过了修整，尤其是正立面往往光洁亮丽。但是，在山寨的高处，一些普通游客不会涉足的偏僻住户，往往可以看到苗寨原生态的真实情况。这些住户往往是正立面木板刷清漆，侧面还是老旧的，用拇指粗的细竹条编织，再用黄泥抹面的"山墙"。还有的房屋，除了正立面，其余三个面均为竹编墙，从里向外看，外面的景色几乎是半透明的，不知道这样的人家是如何过冬的。德夯苗寨的大部分房屋平面呈"一"字形，少数呈"L"形，屋顶以悬山屋顶为主。入口处门扇的数量有很多变化，中间有双扇门，有6扇开合的，有"凹口"两侧再各开一扇门，也就是入口形成多达8扇门板的。在柳肃先生的《湘西民居》一书中有"山居遗韵——苗族民居"的章节，

图 7-26 德夯苗族民居

图 7-27 勾良苗族民居

对其他湘西苗族村落形态及居住环境、空间格局、风土人情、宗教习俗等有详细描述。

湘东与湘西，从地理位置来看比较遥远，从风土人情来看，分属不同的文化区域，但是这两地的地貌和气候特征反而是最接近的，因此在民居的建造手法上有许多相近的地方。比如在大门的开口处，都习惯使用向内凹陷明显的"吞口"设计，吞口的作用有三个：一是在平直的主立面上强调入口，丰富大门的形态；二是在雨天，进门前可以放下手中的农具和其他物件，整理斗笠蓑衣等雨具，避免将雨水带进房间，避免在卸下雨具时淋湿衣服，同时也可以让过路的人或同村的人避雨；三是作为一个日常交流的灰空间使用，邻里闲聊时可以避免风吹日晒，又不需要进入主人家的堂屋。

由于同属山区，如果是同样的降雨强度，山地的风速，尤其是沿山谷方向的风速相比丘陵地带或地势比较平缓的地带风速要大，因此，这两地的传统建筑都更注重屋檐的外挑宽度，也都很少使用硬山山墙，为的是尽可能地减少雨水对墙体的侵蚀。由于经济都不算发达，受建造成本限制，屋构件上的装饰性也都比较少。

湘东民居，从地域文化的影响层面来看，是赣文化自然延伸的产物，湘东人口、村落来源绝大部分来源于江西。江西是湘东人口的最主要迁出地，因此，不论是语言归宿、生活习俗、精神信仰、建筑记忆等均被烙有深深的赣文化印记，应归属于赣文化圈。从地理层面来看，"湘东"区域南北狭长，西侧与湘北、湘中、湘南相互交错融合，仅从建筑方面分析，它们之间并没有本质的区别；但是与湘西的传统建筑差异较大，湘西传统建筑是少数民族为主导的建筑模式，自身特征明显。

图 7-28 苗族凉亭

图 7-29 苗族民居屋檐形态

图 7-30 湘东村落

图 7-31 苗族民居入口

图 7-32 湘东普通民居入口

第八章　湘东传统民居的现状及保护对策

一、村落人口结构与现状

中国人口政策从 70 年代末、80 年代初开始实行计划生育以后,人口增速开始减缓,但近些年,人口老龄化问题开始凸显出来。在开始享受人口"红利"时,劳动者的受教育水平普遍低下,20 世纪 90 年代中期,国内的许多三、四线城市,初升高的升学率不高,而农村地区的初升高率则更低。

笔者在湘东地区了解情况,无非两个理由:一是怨孩子不愿读书,读书没天分,读了也没用;二是供不起孩子读书。湘东的经济总体不算发达,虽然是传统的农业区,但是山多地少,农业收入也不高。农村劳动力,既没有很高的文化水平,也没有太高的手工技术水平,农村劳动力最后大部分只有两条出路,要么在乡下种地,要么进城打工。而在农村种地的,由于种植、养殖水平不高、信息不通,销售环节掌握在"城里人"手里,因此,农业人口真正通过种地,可以从根本上改变农村面貌几乎是不可能的事。农村的低收入水平直接影响了下一代的教育投入,换言之,农村孩子在刚刚开始小学阶段的教育,和城市的小学生相比,就已经输在起跑线上了。而这种在教育上的输,有时会影响三代人。所以农村青年别无选择,只能离开故土去大城市打工。青壮年的离开造成农村"空心化",即使是受了高等教育的农村青年也会选择离开农村。

图 8-1 湘东农村家庭人口结构

图 8-2 民居内部环境

二、湘东民居的保存现状

湘东保留下来的大中型传统民居内的现住户，可以说几乎没有造房者的直接后裔。由于历史原因，大中型房屋在新中国成立后多被当地政府没收分给贫农。所以现在住在"大屋"里，并拥有产权的，往往是几户不同的人家合住一座大屋。这些人家基本上是一个村的同姓本家，与房屋的建造者有血亲关系，但不是直系。这类住户对大屋几乎没有保护意识，只要有了一定的资金，他们就会利用老宅原有的宅基地，拆老房建新的砖瓦房，并认为这是一件有"面子"的事。

在与平江农村中"大屋"内的现住户交谈中得知，新批一块宅基地在当地村落中大约是1万元人民币，而在老宅上拆旧房建新房，也就是说利用现有宅基地建房则无须缴纳任何费用。因此，大部分当初由土改后传给贫下中农已转化为现住户私有产权的房产，是拆是留全由住户说了算。

湘东大宅的另一个现状是由于"破四旧"和"文革"破坏，造成的大量装饰性构件的人为毁损。湘东大屋本来装饰构件就是一个弱项，有些住在老宅的住户和文物贩子一起，只要是有雕花的构件就拆下来卖掉。笔者在做村落调查时，就有村民要将自家老宅上拆下的雕花木窗卖给笔者，还有许多村民把笔者当作文物贩子，他们不理解为什么有人会在

图 8-3 被拆下的木雕窗

图 8-4 大门被拆毁的大屋

图 8-5 江西凿去面部的和合二仙之一

没有利益收入的前提下来农村了解这些旧房子的现状。

攸县富头村曾是湘东为数不多的一个科举村，一门11人考取功名。谭荣雅家族一度极盛，祠堂香火不断，谭家是从江西迁来攸县的，在谭家光宗耀祖后，原来江西的本家都来攸县的谭家祠堂祭拜。谭家在当时建起一系列的村落建筑，有家族大屋、书院、亭阁等，成为远近闻名的科举村落。1958年"大跃进"后，开始了陆续的破坏，村民先是拆书院、亭阁之类的"无主"建筑，将拆下的砖木用于自己建房，也用于生产队建仓库等。到1997年，祠堂也被拆除，用于村民自家建房。至此，富头村除了一个石狮和一座"图书桥"，再也没有有价值的村落建筑。而平江县的"长世第"也遭遇到了类似的命运，"长世第"几乎是平江县内最高的传统居民，入口前方及大门内的院落曾满铺青石条板。也是在1957年，当地建水库，没有建材，缺少水泥混凝土，当地村民立即想到拆"长世第"，把青石条块撬出来去筑坝，结果水文、地质资料不全，技术设备均无保障就盲目上马，水库没建成，"长世第"被拆了一半，今天的"长世第"处于无人问津的状态，任风雨侵蚀，这是一个时代的悲哀。

图8-6 破败的"长世第"

沈家大屋现状

沈家大屋位于浏阳市伏龙镇新开村，大屋占地7000～8000平方米。其原始规模非常庞大，据文物部门相关记载，大屋始建于同治四年（1865），光绪年间有持续的改扩建，最终拥有17间厅堂、20余栋房屋，共计200余间房间，有30多条通道和走廊将各房连接成一个大的房屋群体。

沈家大屋目前现存比较完整的区域为中轴上的门厅，门厅后十字过厅，两侧为天井；天井两侧为面朝天井的偏厅，过十字中厅就是上厅，上厅高大宽阔，像其他大屋一样，这里是供奉祖先牌位的地方。面向大屋入口，左侧有三套跨院，而右侧只剩一套跨院。沈家大屋几乎每一个现存厅堂的正上方都有一根牛轭形的枋，从结构上对两侧高大的单片墙体起到稳定的作用，大门及主要通道口的侧门均为砂岩质地的门框，门框上两内角刻有蝙蝠意象的造型，从建筑语言上起到了一种同质化的意味。大屋的墙体以土坯砖为主，但在正立面，厅堂及外部包围墙体以青砖为主，大屋整体建在一个60～70厘米的砖石台基上，外部墙体下部由红砂岩砌块构筑，高度达到170厘米左右，这在湘东、赣西，乃至湖南民居建筑中都是很少见的，因此，尽管墙体上部为土坯砖砌筑，但很好地解决了底部返潮及溅落的雨水对墙基的侵蚀。主厅前部两侧有直径粗大的木柱和梁架，和纵向墙体一起支撑屋面檩条。木柱表面残存有类似做过地仗的痕迹。大屋边跨及大部分附属用房的屋顶已经糟朽，但墙体大部完好，从部分剥落的墙体表面可以看到，在土坯砖墙的外部，涂抹了一层3厘米左右的泥灰，主要成分是黄黏土，但黏土中掺夹着5～8厘米不等的稻草茎。从泥灰的光滑程度来看，这层保护土坯砖墙的泥灰经过了反复的涂抹和压光，即使140多年过去了，在屋顶坍塌后的至少20年的时间里还在守护着砖墙，表面

图8-7 大屋主入口

还像新做好的一样。走在大屋的断垣残壁之间,让人心情复杂,尽管这样的场景我们已经经历了许多次,但每一次都感到心酸,看到精美的木雕在风雨中被侵蚀,看到墙体上的彩绘和灰塑在一点一点地剥落,看到木构上的绘画和诗词在渐渐褪色,笔者不知道大屋的命运将会是怎样。

走出大屋的时候,遇到了一个姑娘,她很小的时候,就和伙伴们一起,经常在大屋里玩耍,从一间房跑到另一间房,从一扇门穿过走进另一扇门,笔者想那时天井里的阳光一定照在孩子们冒着热气的头上,那时的沈家大屋还不是今天这幅衰败的模样,短短20年,在姑娘的眼里大屋已是风烛残年,再也找不回当年乐在其中的时光。

笔者在思考,有没有这样一种可能,在乡村留守儿童和老人为平时主要人口的今天,将大屋改建成村民活动中心或幼儿启蒙托管场所,翻修过的大屋,一方面起到文物保护的作用,另一方面成为村民们的日常活动和交流的地方,让孩子们回来玩耍,让老人可以聊天,让在田里劳作的农人可以歇脚,让大屋可以一直陪伴这里的人们。

图 8-8 残存的隔扇门

图 8-9 窗上的木雕 1

图 8-10 窗上的木雕 2

图 8-11 荒烟蔓草中的大屋附属用房

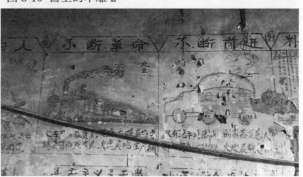

图 8-12 墙面上的历史遗迹

图 8-13 大屋天井及偏厅

图 8-14 大屋的檐廊

图 8-15 沈家大屋

三、问题

湘东传统建筑面临的三个问题：

1. 人为拆除和破坏

这个问题的根源是全社会的文化"短视"和美学缺失，只看眼前利益，只看经济效益，所有属于文化的东西都只是为经济唱戏所搭的"台子"罢了，热衷于大拆大建。

2. 自然侵蚀

湘东大宅建造时，建屋的主人是尽全力保证建造质量的，这是湘东大屋大部分能支撑到今天的原因之一；第二个原因就是湘东地区地质结构稳定，没有出现过大的地震、洪灾等毁灭性灾害；第三个原因是房屋建造的主体结构以大块青砖眠砌为主，主体结构非常结实。这种结构和"徽派"的木构为主体结构是有本质区别的。"徽派"建筑内部大量使用木材，一旦失火，最好的结果就是封火墙起作用，尽可能不殃及邻家，但自家是极难保住的。而湘东大宅，以"纵墙搁檩"式结构为主，层高又高，屋内地表的火焰极少可能窜到6米以上层高的层面，而有的下厅、中厅、上厅内甚至没有木柱，即使有用于支撑屋架的木柱，数量也有限，除非刻意放火，否则相隔有一定距离的木柱很难形成火灾。笔者了解到的湘东大宅中几乎没有因火灾而损毁过的。

余下的另一种侵害因素是雨雪的侵蚀和虫害，木构件在完全干燥的环境中可以保存千年以上，如果完全浸没在水中，与空气隔绝，也可以保存300年以上，这是经过考古科学证明的。但是木材处于潮湿的空气中，尤其是在屋面漏水，浸湿木构，屋架处于阴暗潮湿状态，不到百年就会失去结构作用。现在湘东大宅所面临的最大问题，就是木构受潮后

图8-16 被改变外观的大屋局部

图8-17 大屋右边被拆建新屋

图8-18 被改建的入口

图8-19 连续的横向立面被打断

图 8-20 曾经高大气派的大屋正厅

图 8-21 昔日的大宅

图 8-22 冬塔乡的祖屋

图 8-23 摇摇欲坠的老宅

图 8-24 不知还能撑多久的老宅

图 8-25 被雨水浸湿的彩绘天花

图 8-26 破败的木质大门

无人或少有人力、财力去维护和翻修。

3. 历史遗留问题

湘东地区是革命老区，老一辈无产阶级革命家、政治家、军事家曾在这一地区多次组织武装暴动，或与当时的国民党政权对峙，形成武装割据的态势，湘东地区有一大批大屋、宗祠、书院等建筑成为共产党地方武装政权的工作或生活地点。新中国成立后，这一部分传统建筑成为革命传统教育基地，得到保护、修缮，并有相当一部分对外开放，成为展览馆、纪念馆性质的建筑。

但是，这里忽视了一些根本性的问题：第一，产权不明。例如炎陵县水口镇朱家祠堂，曾在红色割据时期是红军某部指挥中心，现已由县委宣传部门接管，非政府部门相关人员无法进入参观。第二，功能改变。祠堂的主要功能是宗族祭祀、议事，是同一血缘村村民的精神纽带，而书院也是一个地域内文化、教育精神的象征，是文化传承的一个重要场所，是一个民族文明程度的象征。改为革命教育场所后，从根本上改变了这类建筑的功能。湘东村落大部分是从江西迁来的，当初可谓是离乡背井，而且多是同一血脉的宗族组成一个自然村，在这样的村落中，祠堂的意义极大，但现在，比如炎陵的周江村，祠堂也被接管，本村村民平时无法进入。第三，传统意义上的建筑文化内涵发生变化时，如何保留一部分原有的建筑语境。天岳书院、洣泉书院等湘东书院都是湘东保存下来为数不多的书院，都是地域文化中心，有中国传统精神核心的地位，孔子像或牌位是书院类文教建筑不可或缺的具体核心象征。在弘扬主旋律，传播红色记忆和革命传统的同时，也能为中国传统文化开辟更广阔的发展空间。

图 8-27 被拆掉一半的大屋

图 8-28 桂东祠堂

图 8-29 被村民占用的陈家祠堂原址

图 8-30 被改变功能空间的祠堂

图 8-31 醴陵废弃的一座祠堂

四、趋势

湘东传统建筑正处于一种自然损耗和消亡的过程中，笔者关注乡土建筑有20多年的时间，对某些地区的村落曾有过多次造访，并不局限于湘东地区，一些有旅游价值的传统村落正被过度开发，商业气息越来越浓，正在失去村落文化最本真的价值，如耕读传统、儒商文化。而一些分散的传统建筑，湘东大屋就是一个典型例子，由于没有集中开发的商业和旅游价值，当地主管部门很少会关注这些老建筑并花钱来保护和维修。因为大部分老宅并不属于文保建筑，当地村民也理所当然地可以拆旧建新。

农村的"空心化"造成村民不可能为维护文物、文化建筑的目的而花钱，或本着"修旧如旧"的态度和方式来维护传统建筑，除非住户发现结构有问题或屋面漏水才会翻修。在可以预见的20～30年内，这种状态不可能发生根本的变化。所以，今天我们还能看到的相当一部分传统建筑只会逐渐破败和消失，这是现实，是我们这一代人不得不面对的现实。只是这种现实是一种悲哀，也是这个时代中，文化所面临的悲哀。

图 8-32 曾经的长沙木牌楼三号

图 8-33 长沙苏州会馆的断垣残壁

图 8-34 长沙苏州会馆二层拆除

五、对策

几乎所有的对策都牵涉资金：

1. 将可能被拆毁的传统建筑中的村民"置换"出来，给予免费的同等面积的宅基地。
2. 商业和自然景色结合开发。
3. 农家休闲和当地风俗文化传统结合开发。
4. 传统建筑外观保护和室内功能现代化结合，这一点在近二三十年内的湘东地区几乎遥不可及。

成功的案例：

1. "宏村模式"，全力商业化外包开发。
2. "乌镇模式"，政府与开发商合作外迁原住户。
3. "苏州模式"，文化建筑景点与地域戏曲结合，成为一种文化与旅游结合的模式。
4. 上海"新场模式"，新场是上海浦东新区下辖的一个传统小镇，有一定规模的旅游业，但旅游业和其他上海小镇，如朱家角、南翔等相比是比较薄弱的。笔者曾在十多年的时间内连续七八次实地考察这个小镇，他们的做法是在保持小镇传统建筑外观和基本街区的基础上持续投入，以改善原住民的生活条件。每年拿出一部分资金，今年改进电力电线，下一年改进排污排水，再改进翻新屋面、油漆梁，这种持续改造今天仍在继续。新场镇是一个留住了原住民，发展了商业和旅游并形成可持续发展，同时保住了原汁原味的传统建筑的一个成功

图 8-35 上海南汇新场环境

案例。

这些案例仅有参考价值但不能照搬,如何保护和决策还在于政府是否重视并拿出政策和资金。仅靠当地的民间力量和资金,不论是哪一方面都不现实。

湘东地区传统建筑在以往的研究中没有非常集中与详细的论述,湘东地处山区与丘陵地段,人口组成与文化渊源与江西移民有着非常密切的联系。湘东大部分村落为自然单姓血缘村,并且多从明清时期开始,自江西的中西部向湘东地区移民。有些移民在湘东扎根生存,而更多的移民以湘东为过渡地域向湖南中部、四川等地域继续迁移。本书从人口迁移的来源着手乡土调研,总体框架是从区域到村落,从村落到建筑分类,从单体建筑至建筑局部进行调研与说明,对目前湘东传统民居的现状及分布有了比较清晰的了解,但是受考察条件所限,在许多细节和观点上必定存在不全面甚至错误的地方,对相当一部分湘东传统建筑存在的问题也只能做到提出问题,但无法给出明确的答案,这些问题也只能留待其他专业人士和有识之士来回答和解决。本书抛砖引玉,希望能引起对湘东传统建筑的关注和保护。笔者在尽可能地用文字、图片记录那些祖先留给我们的宝贵遗产,让后人还可以看到先辈的生存方式、传统习俗、建筑形态、文化特征,即使在这些建筑消亡之后。

图 8-36 上海南汇新场民居

参考文献

[1] 杨慎初. 湖南传统建筑 [M]. 长沙：湖南教育出版社, 1993.

[2] 黄家瑾, 邱灿红. 湖南传统民居 [M]. 长沙：湖南大学出版社, 2006.

[3] 柳肃. 营建的文明——中国传统文化与传统建筑 [M]. 北京：清华大学出版社, 2014.

[4] 田永复. 中国古建筑知识手册 [M]. 北京：中国建筑工业出版社, 2013.

[5] 刘昕, 刘志盛. 湖南方志图汇编 [M]. 长沙：湖南美术出版社, 2009.

[6] 刘托, 马全宝, 冯晓东. 苏州香山帮建筑营造技艺 [M]. 合肥：安徽科学技术出版社, 2013.

[7] 吴招胜, 宋韵琪, 谭元亨. 客家古邑民居 [M]. 广州：华南理工大学出版社, 2010.

[8] 陈志华, 李秋香. "乡土瑰宝" 系列 [M]. 北京：生活. 读书. 新知三联书店, 2006.

[9] 李秋香, 楼庆西, 叶人齐. 赣粤民居 [M]. 北京：清华大学出版社, 2010.

[10] 徐跃东. 图解中国建筑史 [M]. 北京：中国电力出版社, 2007.

[11] 刘大可. 中国古建筑瓦石营法 [M]. 北京：中国建筑工业出版社, 1993.

[12] 李晓峰, 谭刚毅. 两湖民居 [M]. 北京：中国建筑工业出版社, 2009.

[13] 张国雄. 明清时期的两湖移民 [M]. 西安：陕西人民教育出版社, 1995.

[14] 向世林, 柳肃. 湘西历史城镇村寨与建筑 [M]. 北京：中国建筑工业出版社, 2008.

[15] 王其钧, 谢燕. 风格古建 [M]. 北京：水利水电出版社, 2005.

[16] 周维权. 中国古典园林史 [M]. 北京：清华大学出版社, 2008.

[17] 赵新良. 诗意栖居——中国传统民居的文化解读（第一卷）[M]. 北京：中国建筑工业出版社, 2009.

[18] （明）计成. 园冶 [M]. 北京：中华书局, 2017.

[19] 罗德胤. 中国古戏台建筑 [M]. 南京：东南大学出版社, 2009.

[20] 柳肃. 湘西民居 [M]. 北京：中国建筑工业出版社, 2008.

后记

我在学校时，学习的是土木工程专业，夫人学的是建筑学，我们虽然经常在一起聊生活，聊建筑，但也大多是她崇拜的路易斯·康或者勒·柯布西耶，或者她做方案时触碰到灵感时候的无数个瞬间。在工作以后的相当长一段时间内，我对于中国古典建筑或传统建筑的了解一直停留在北京的故宫和颐和园、上海的城隍庙和豫园及苏州园林这些旅游景点的认知层面上。再后来，由于工作的关系，我去了全国很多地方，那时也依然是抱着借机去景点的心态游览名胜古迹，但是山西的古建筑给我留下了比较深刻的印象。

直到1997年的一个雨天，我邂逅了皖南的宏村，那天的宏村静谧而慵懒，白墙青瓦马头墙在南湖里模糊了身影，在那一刻，冥冥之中有一种感觉在心底涌出，仿佛那个身影已经等我好几个轮回了，而我却姗姗来迟，"君生我未生，我生君已老"。也是从那个时候开始，我先是走遍了皖南的山山水水，去寻访古村遗韵。后来，只要有机会，我总是会探访或近或远的传统村镇或房舍，直到跟随湖南大学柳肃教授系统学习中国古典建筑及传统村落知识，积累了相当多的第一手资料，在这些辛苦却快乐的日子里，夫人也渐渐爱上了湘东的古民居，有时间就跟随我一起从一个村落到另一个村落，从一个小镇到另一个小镇，大部分地方交通不便，许多地方当时只能通摩托车，雨天冻得瑟瑟发抖，晴天灰头土脸，但我们相信这一切都是值得的。本书中的几乎所有实物、实景图片均由我们实地拍摄。它们给我们的生活带来无法估量的启迪。

在这本书即将面世的时候，我要特别感谢我的导师柳肃教授，他学识渊博、著作等身，他不仅是我学业上的师长，更重要的是他身上已然保留着读书人的士大夫气质，为社会的文明坚守，为民众的启蒙付出，他是我们这个时代的燃灯者，我愿追随他的脚步，继续我们的古建寻访与探索之旅。

黄磊

2022年3月